KB122405

동아시아 속의
중국사

동아시아 속의
중국사

기시모토 미오 / 하마구치 노부코 지음

정 혜 중 옮김

혜안

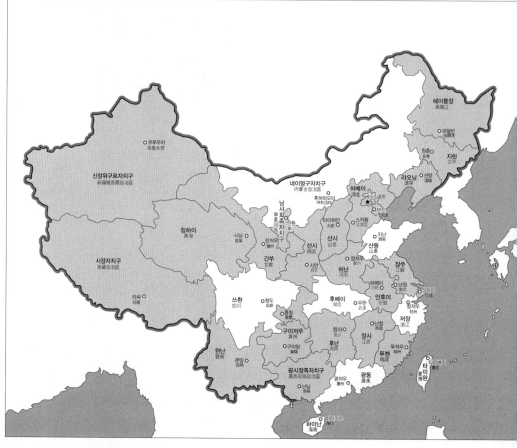

우루무치
烏魯木齊

신장위구르자치구
新疆維吾爾自治區

네이멍구자치구
内蒙古自治區

헤이룽장
黑龍江

하얼빈
哈爾濱

창춘
長春

지린
吉林

라오닝
遼寧

선양
瀋陽

허베이
河北

후허하오터
呼和浩特

★베이징北京

닝샤회족자치구
寧夏回族自治區

인촨
銀川

스자좡
石家莊

톈진
天津

타이위안
太原

산시
山西

지난
濟南

산둥
山東

칭하이
青海

시닝
西寧

란저우
蘭州

시안
西安

산시
陝西

정저우
鄭州

허난
河南

장쑤
江蘇

간쑤
甘肅

시장자치구
西藏自治區

라싸
拉薩

쓰촨
四川

청두
成都

충칭
重慶

후베이
湖北

우한
武漢

안후이
安徽

허페이
合肥

난징
南京

상하이

저장
浙江

구이저우
貴州

구이양
貴陽

창사
長沙

후난
湖南

난창
南昌

장시
江西

항저우
杭州

원난
雲南

쿤밍
昆明

광시장족자치구
廣西壯族自治區

난닝
南寧

구이저우

광둥
廣東

광저우
廣州

후난

푸젠
福建

푸저우
福州

타이베이
臺北

타이완
臺灣

하이난
海南

싼야거우

중국행정도   이 지도의 중국국경선은 중국지도출판사가 1989년에 발행한 1:4,000,000의 『中華人民共和國地形圖』에 따른다.

지은이 서문

—

일본 역사는 한국과 중국 등 동아시아 국가들과 상당히 중요한 관계를 갖고 있다. 한자문화권에 속하는 일본은 한자와 불교·율령 등의 제도와 문화를 받아들여 국가 형태를 만들어 왔다. 일본의 역사는 이러한 외부 영향을 빼놓고는 생각할 수도 없다. 한편으로 중국은 동아시아 문화권의 중심으로서 선진문화를 외부로 수출하는 발상지로만 여겨져 왔다. 그러나 과연 "중국이란 무엇인가"를 생각해 보면, 중국은 여러 문화들이 교류하는 복잡한 과정 속에서 만들진 것이 아닌가 한다. 따라서 주변의 여러 나라가 중국의 영향을 받았을 뿐 아니라, 중국 자체도 주변 여러 지역과의 대립 및 문화적 융합을 통해 만들어졌다는 점에도 주목해야 할 것이다.

19세기 후반 이후 동아시아의 여러 나라들은 유럽과 미국을 중심으로 하는 근대적 국가체제에 편입되면서 자립과 발전을 목표로 국가의식을 강화하고자 하였다. 그러나 이 때문에 역사학에서는 국가와 민족의 통합을 지나치게 강조한 결과 근대적 내셔널리즘을 무의식적으로 과거 역사에 투영시키기도 하고 국가의 틀에 맞지 않는 문화와 경제교류의 복잡한 양상을 사상시켜 버리는 경향도 있었다. 이는 근대 중국 역사학이나 근대 일본 역사학 모두 마찬가지였다.

최근 십여 년 동안 역사학은 근대적 국가의 틀 안에서 역사를 바라보았던 견해를 반성하며 근대 이전의 동아시아 여러 지역에 나타나는 다양한 통합의 형태를 여러 각도에서 살펴보고자 노력해 왔다. 이 책도 이와 같은 입장에서 중국사의 흐름을 유연한 시각에서 다시 보고자 한다.

　구체적으로는 다음과 같은 몇 가지 점에 주목하였다.

　첫째, 동아시아의 전통적인 국제질서에 존재하는 독특한 성격에 주목하였다. 즉, 동아시아의 전통적 국제질서에 대한 시각은, 확실한 국경을 가진 국가가 병존하는 세계라는 근대 주권국가체제의 사고방식과는 달리, 수준 높은 문화를 가진 세계의 중심에서 문화가 점차 주변으로 퍼져 나간다는 이념으로 유지되어 왔기 때문에 원래 '국國'이라는 관념 자체가 우리의 상식과는 다르다는 점이다.

　둘째, 한족漢族을 중심으로 하는 입장에서는 역사상 종종 나타나는 북방민족의 지배를 이민족의 '침략'으로 보고, 화북에서 남방으로 혹은 연안부에서 서쪽으로 이주하는 것을 한족漢族의 '발전'이라고 보았다. 그러나 이 책에서는 동아시아사라는 관점에서 북방민족과 중국 남부·서부의 선주민의 입장도 생각하면서 문화의 대립과 융합을 통한 '중국'의 통합과 한인漢人의 아이덴티티가 어떻게 만들어져 가는가에 주목하고자 했다.

　이러한 시각은 근대국가의 틀을 '상대화'하려 하는 것이지, 중국 역사에서 '국가' 문제가 중요하지 않았다는 것을 말하려는 것은 아니다. 세계적으로도 중화제국처럼 다양한 문화를 포괄하는 광대한 지역을 하나의 통합체로 만들어 온 정치권력은 상당히 드물다.

그리고 근대중국에서 사람들을 움직여 온 강력한 내셔널리즘, 그 내셔널리즘을 기반으로 하여 전개되어 온 중국혁명의 역동성도 우리의 관심을 끄는 역사의 중요한 부분이라고 생각된다. 근대국가의 틀만을 당연한 것으로 여기지 않고 오히려 상대화시켜 봄으로써 중국이라는 '국가'의 독자성에 새로운 흥미를 갖게 할 수 있을 것이다. 큰 변화를 보이고 있는 현대중국의 궤적 속에서도 그러한 독자성을 찾아볼 수 있다.

이 책은 일본 방송대학에서 '동아시아 속의 중국사'라는 과목의 교재로 쓰기 위해 고대부터 현대까지 시간 순서에 따라 서술한 것이다. 그러나 몇 개의 장은 반드시 역사의 흐름에 따르지 않고 '중국'이라는 단어의 역사와 외국에서 본 중국사회의 특성 등에 대해서도 다루었다.

1장부터 10장까지는 기시미토 미오岸本美緒가, 제11장부터 15장까지는 하마구치 노부코浜口允子가 집필하였다. 이 책이 교재이다 보니 문장 가운데 해설이 필요하다고 생각되는 항목과 용어에 대해서는 주를 달아 설명하였다. 또한 내용에 더 많은 관심을 가질 수 있도록 각 부분에 사료와 그림, 표, 지도와 연표, 사진 등을 넣었으니 충분히 활용하기 바란다. 책 뒤에는 손쉽게 읽을 수 있는 참고문헌을 덧붙였다. 이 문헌을 참고하여 중국, 나아가 동아시아 역사의 풍부한 재미를 스스로 탐구해 나가기를 적극 권장하는 바다. 끝으로 편집을 맡아 애써주신 일본 방송대학 교육진흥회의 이노우에 아키라井上朗 씨에게 이 자리를 빌려 깊은 감사를 드린다.

2003년 1월 지은이

지은이 한글어판 서문

—

이 책은 일본의 방송대학의 중국사 교재로 만들어졌습니다. 방송 대학에는 10~20대의 젊은이들로부터 60세 이상의 고령자에 이르기까지 일본 전역에서 다양한 연령, 다양한 이력의 사람들이 배우고 있는 곳입니다. 그렇기 때문에 다양한 사고방식을 가지고 있는 많은 사람들이 흥미를 가질 수 있도록 가능하면 알기 쉽게 쓰려고 특별히 노력하였습니다. 다만 이 책을 집필할 때 일본 이외의 외국에서도 읽을 수 있을 것이라는 점은 전혀 생각하지 못하였습니다. 이번에 도쿄대학 대학원에서 박사학위를 받고 일본의 중국사연구자들의 좋은 벗인 정혜중 선생의 번역으로 이 책이 한국 독자들에게도 읽히게 되어 저로서는 상당히 기쁩니다.

이 책은 중국사 교재지만 『동아시아 속의 중국사』라는 제목에서도 알 수 있듯이 동아시아 여러 지역의 교류에 중점을 두고 서술하였습니다. 일본어판 서문에서도 지적하였던 것처럼 일본의 국가형성은 중국 영향을 생각하지 않을 수 없고, 한국 역시 마찬가지라고 생각합니다. 그러나 한편으로 중국 자체도 주변 여러 지역과의 대립과 문화적 융합 등 복잡한 과정 속에서 만들어졌습니다. 현재, 한국과 중국, 일본도 국가國라고 하는 형태를 강하게 의식하고 있습니다만 그러한 국가의식도 오랜 역사 속의 복잡한 교류 없이는 결코 형성되지 못하였을 것입니다. '동아시아'라는 확장된 시야는 '동아시아' 속의 '국가'의 통합을 경시하고 '동아시아'를 하나의 균질적인 영역으로 보고자 하는 것이 아니라, 오히려 각각의 국가가 형성되어 온 복잡한 역사적 과정과 사회의 개성을 보다 잘 이해하기 위한 도우미로 설정한 것입니다.

중국이라는 거대한 국가의 오랜 역사를 동아시아라는 시야 속에서 간단하게 정리하는 것은 상당히 어려운 일이었습니다. 보다 많은 사료와 도판을 넣어 자세하게 쓰는 것이 좋았을 것이라는 생각도 듭니다. 그러나 여러 독자가 이 책에 질리지 않고 역사의 흥미로움을 좀더 깊게 접하고 싶다는 생각이 드는 계기가 된다면 더 이상 바랄 것이 없다고 생각됩니다.

이 책은 1장부터 10장까지 전근대 부분과 제11장부터 15장까지의 근현대 부분을 분담해서 집필하였습니다. 근현대 부분은 하마구치 노부코 선생이, 전근대 부분은 저 기시모토가 담당하였습니다. 노부코 선생과 더불어 이 책을 읽어 주시는 여러분들에 인사를 드림과 동시에 정혜중 선생과 출판사 혜안에 감사를 드립니다.

2015년 11월
기시모토 미오

옮긴이 서문

―

대학에서 교양 중국사를 강의하는 교수들의 상당수가 정작 대학 학부시절에 교양 중국사를 수강해 본 적이 없다는 사실은 아이러니다. 자신이 배워본 적도 없는 강의를 담당하게 되는 데서 오는 곤혹스러움은 비단 이 책을 옮긴이만이 느끼는 어려움은 아닐 것이다. 2002년 박사학위를 받고 귀국과 동시에 시간강사로 여러 대학에서 교양수업을 담당하면서 학생들과 함께하였던 애환은 한둘이 아니다. 그러한 애환 중에서도 가장 큰 문제 중 하나는 교재였다. 수업 첫 시간 학생들에게 여러 참고문헌을 소개하면 참고문헌 중 한 가지의 참고도서만 정해달라고 요청하는 학생이 있기 마련이었기 때문이다. 책장사는 아니지만 결국 학생의 입장이 되어 두세 종류의 책을 추천해 주면서 구입은 본인의 선택에 맡기는 수밖에 없었다.

또 하나는 도대체 교양을 어느 수준에서 어떻게 가르쳐야 할 것인가 하는 문제를 둘러싼 수업의 '질'의 문제에 대한 고민이 스스로의 능력 밖의 일로 간주되는 데서 오는 곤혹스러움이다. 중국사 교양의 경우, 그 오랜 역사 중 어느 시기에 중심을 두어 한 학기의 강의를 진행시킬 것인가, 게다가 중고등학교 시절에 중국사를 접해 본 적이 없다고 하는 수강생들에게 어떤 내용을 담보해 주어야 할 것인가, 또 전공과 교양의 구분을 어디에 둘 것인가 하는 문제 등, 교수 경험이 적었던 초년병 시간 강사에게는 참으로 힘든 문제들이었다.

이렇게 어려운 문제들을 조금 쉽게 해결할 수 있도록 도와준 것이 바로 이 책이었다. 우리말로 된 적당한 개설서가 없었던 것은 아니다.

한중수교 이후 중국사에 대한 관심은, '중국' 자체와 중국어에 대한 관심만큼은 아니었지만 어쨌든 괄목할 만한 성장을 하면서 개설서도 쏟아져 나왔다. 1980년대 이후 많은 한글 개설서가 그랬던 것처럼 외국 학자의 개설서 번역물이 계속 출간되었고, 또한 한국 학자들에 의한 구체적이고 자세한 개설서가 등장하였으니 참으로 반가운 일이다.

외국 번역물 중 수업시간에 소개하는 책은 시공사의 『사진과 그림으로 보는 케임브리지 중국사』다. 송대 사회문화사를 전공하는 워싱턴 대학 교수 패트리샤 버클리 에브리Patricia Buckley Ebrey가 1999년에 쓴 *The Cambridge illustrated history of China*는 제목에서 알 수 있는 것처럼 그림을 잘 활용하여 당시의 생활상과 문화를 생생하게 전달하고 있다. 뿐만 아니라 각 시대의 변화와 특징을 정치, 경제, 사회, 문화의 유기적인 관계로 설명하고 이들의 역학관계를 설명하고자 한 점 등은 이전의 왕조별 구분에 익숙한 우리들에게 신선한 충격을 주었다고 할 수 있다. 이른바 영상세대로 불리는 요즘의 대학생들에게는 구미에 맞는 적당한 개설서로 생각된다. 이렇게 그림과 지도로 독자들을 역사에 쉽게 접근하도록 도와주는 개설서는 한국의 학자들에 의해서도 출간되었다. 2007년 사계절에서 나온 『아틀라스 중국사』(박한제 외)가 그것이다. 중국 고대, 중세, 근세, 근현대 각각의 전공자들이 집필에 참여한 이 책도 독자들이 내용을 쉽게 이해할 수 있도록 많은 지도를 일목요연하게 정리하여 싣고, 역사를 현실감 있게 이해하도록 많은 자료를 실었다.

또한 한국인들에게 중국사의 의미를 생각해 보게 하고 우리 시각에서 중국사를 서술하고자 한 『한국인을 위한 중국사』, 『아틀라스 중국사』도 수업 시간에 학생들에게 많이 추천한다. 이 책은 중국과 중국의 역사에 관심 있는 대중들을 대상으로 하여 자세하면서도 쉽고 재미있게 서술하였다.

이렇게 좋은 책들이 많이 나와 있음에도 불구하고 이 책을 번역 소개하게 된 이유는 무엇보다도 "중국 역사의 흐름이 간결하고" 동시에 "동아시아 속에서 중국사를 서술하고" 있기 때문이다. 우선, 기존의 중국사 개설서들이 중국 역사 사실에 자세하다 보니 저자들의 의도와는 상관없이 대체적으로 사실 나열에 치우치는 부분이 없지 않았다. 대체로 역사에 익숙하지 않은, 더더욱 중국사에 익숙하지 않은 수강생들은 우선 사실을 암기하려고 애쓴다. 수업시간에 언급하지 않은 역사사실―그 내용은 너무 많아 한 학기 수업에서 모두 다룰 수도 없지만―에 부담스러워한다. 일반적인 교양 역사교육의 목표는 학생들에게 시대 흐름을 정리해 주고 각 시대의 특징을 간략하게 전달하는 데 있을 것이다. 이 책은 바로 이러한 교수방식에 매우 충실하였다.

2005년 도쿄 시내의 중국 전문서점인 동방서점東方書店에서 우연히 구입한 이 책은 처음부터 번역을 생각하였던 것은 아니다. 한두 학기에 걸쳐 강의의 보충교재로 사용하다가 혼자 읽기 아깝다는 생각이 들었다. 수업시간에 무엇을 가르쳐야 할 것인지를 고민하던 시간강사 시절의 애환이 떠올랐고, 또 요즘 수업시간에도 교재가 무엇인지를 묻는 수강생들에게 교양수업에 어울리는 도서에 대한 고민이 끊이지 않았기에 이 책을 번역하여 소개하고자 하는 욕심이 생겼다. 이 책은 교양으로서의 중국사라면 꼭 요구되는 사실과 흐름의 기준을 세워주기에 적당하다는 생각이 들었기 때문이다. 물론 우리학계의 수준이나 지금까지 출간된 개설서의 내용이 미약해서는 결코 아니다. 교양 수업을 듣는 타과 전공생들에게 개설서를 소개해주면, 책에 나와 있는 역사적 사실들 자체를 모두 암기해야 한다는 중압감 때문인지 중국사가 어렵다고들 호소한다. 이 문제를 해결하기 위해 번역을 시작하였고 따라서 이 책의 내용은 '교양으로서의 중국사'에 안성맞춤이라 할 것이다.

또 이 책은 전통시대 중국의 역사를 한족과 주변민족 특히 북방민족과의 접촉에 의해 만들어진 역사를 중심으로 해서 기록하고, 간결한 문체로 한족의 문화가 주변민족의 영향에 의해 만들어졌음을 설명하고 있다. 제1장의 중국에 대한 소개에서도 중국의 다원성과 중국 개념을 동아시아사의 관점에서 설명하고 있다. 한편 제3장에 실린 사마천의 『사기史記』「흉노열전」 중행설 이야기, 제8장과 9장에 실린 『주해도편籌海圖編』의 왕직王直 관련 사료와 『대의각미록大義覺米錄』 사료 등은 교양으로서 중국사를 접하는 독자들에게 역사학 사료를 맛볼 수 있게 해주는 돋보이는 내용이다. 근현대 서술에서는 중화인민공화국 헌법의 대략을 비롯한 중국의 정치, 경제체제를 간단한 표와 함께 설명을 실어 독자의 이해를 돕고 있다.

저자 기시모토 미오 선생님은 옮긴이가 도쿄 대학 박사과정 공부와 논문지도에서 많은 가르침을 주셨다. 무엇보다 항상 도쿄 대학 법학부 건물 모퉁이 방에서 연구에 열중하시던 모습은 더욱 큰 가르침이 되었다. 그러한 연구의 열정 때문에 선생님은 2007년 가을에 도쿄 대학을 그만두고 연구에 집중할 수 있는 (처음 학생들을 가르쳤던) 오차노미즈 여자대학으로 자리를 옮기셨는데, 이 특이한 이력이 중국사학계의 화제가 되기도 하였다. 하마구치 선생님은 일본의 '천진사연구회'를 통해 알게 되었다. 인자한 성품의 선생님은 폭넓은 연구를 통해 젊은 학자들과 공동연구를 많이 기획하셨다.

　　번역을 시작하고 출간이 되기까지 오랜 시간이 흘렀다. 두 분 선생님께 누가 되지 않기를 바라며 독자들의 많은 질정을 바란다.

　　이 책의 출간을 선뜻 허락해 주신 도서출판 혜안의 오일주 사장님께 감사드린다. 또 책 모양이 갖추어질 수 있게 여러 모로 도와주신 김현숙 편집장님께도 고마운 마음을 전한다.

2015년 11월
옮긴이 정혜중

글 싣는 차례

일러두기

1. 이 책은 기시모토 미오岸本美緒·하마구치 노부코浜口允子의『동아시아 속의 중국사(東アジア中の中國史』(放送大學敎育振興會, 2003)를 번역한 것이다.
2. 현재의 중국지명은 중국어 발음표기로, 역사적 지명은 한자음의 한글표기를 원칙으로 하였다. 단 현재지명과 역사지명이 섞일 경우는 중국어 발음으로 표기하였다.
3. 인명은 신해혁명을 기준으로 삼아 신해혁명 이후의 인물은 중국어 발음표기를 원칙으로 하였다.
4. 외국어 표기는 국립국어원의 '외래어 표기용례'를 참고하였다.

제1장 / 중국이란?

'중국' 속의 다원성

'중국'이란 말을 들었을 때 가장 먼저 떠오르는 것은 유라시아 대륙 동부에 펼쳐져 있는 중화인민공화국의 영토지도일 것이다. 현재 중화인민공화국은 러시아와 캐나다의 뒤를 이어 세계에서 세 번째로 넓은 약 960만 평방킬로미터의 광활한 영토를 소유하고 있다. 이는 일본의 약 25배(한국의 약 97배 | 역주)나 된다.

중국은 광대한 화북평원에서 서남쪽의 미얀마 산맥에 이르기까지, 동남의 습윤한 몬순지대에서 동북의 아한대, 서북의 사막지대에 이르는 영토에 다양한 지형과 기후대를 갖는 여러 지역을 포함하고 있다.

이 곳에서 생활하는 중국 사람은 약 12억 7천 500만 명(2000년 현재 : 2005년 1월 공식인구 13억으로 발표 | 역주)이다. 1970년대 이후 엄격한 한 자녀 정책¹으로 2035년경에는 세계인구 1위의 자리를

1 1949년 중화인민공화국이 성립된 후, 중국에서는 사망률이 저하되면서 인구가

인도에게 내주게 될 것이다. 하지만 지금은 전 세계 인구(60억 5천7백만 명)의 1/5을 차지하는 인구 초강대국이다.

다만, 약 13억 명이나 되는 인구의 분포를 보면 지역차가 두드러진다. 중국사에서 주요 무대가 된 지역은 서남부 고원에서 동으로 흐르는 두 줄기의 대하大河 즉, 황허黃河와 양쯔 강揚子江 유역이다. 두 강의 수원은 티베트에 가까운 칭하이青海 지방이지만 황허는 북으로 흘러 북쪽 황토지대를 크게 돌아 동쪽으로 흘러내려 화북평원을 흐르다 바다로 향한다. 한편, 양쯔 강은 비교적 산이 많은 남부를 동쪽으로 흘러 이 유역에 비옥한 평야를 만들고 현재의 상하이 부근에서 바다로 흘러간다.

현재에도 중국의 인구는 대부분 이 두 개의 대하 유역(및 광둥廣東의 주장 강珠江 유역)에 집중적으로 거주하고 있다고 해도 될 것이다. 이는 두 개의 대하를 중심으로 중국을 각각 남과 북으로 쉽게 나뉠 수 있음을 의미하며, 역사적으로 볼 때도 황허와 양쯔 강 중간을 동서로 흐르는 화이허 강淮河 유역이 종종 남북분열기에 경계를 이루기도 하였다. 농업에서도 고대시기의 화이허 강 부근은 밭농사의 중심지로서 남부의 벼농사 중심지와 구분되는 경계선이었다. 따라서 식생활도 소맥과 잡곡을 주식으로 하는 북부와 쌀을 중심으로 하는 남부로 구분되었다. 양쯔 강 하류와 푸지엔福建과 광둥 지방에서는 북방과는 상당히 다른 방언을 사용하고 있다.

급증하여 1979년 말까지 30년 사이에 인구가 약 1.8배가 늘어났다. 이 인구증가를 식량생산이 따라가지 못해 인구과잉 문제가 심각해지는 가운데 중국정부는 1979년 엄격하게 출산을 제한하는 정책을 취하여 한 자녀 가정을 우대하는 한편, 무계획적인 출산에 대해서는 벌금을 물리는 등 인구를 억제하기 위해 노력해 왔다.

이처럼 다른 두 개의 남북을 어떻게 연결시키고 유지할 것인가가 중국 역대 왕조의 큰 과제였고, 황허와 양쯔 강을 남북으로 묶는 대운하²는 그러한 노력의 대표적인 표현이라고 할 수 있다.

또한 두 강 유역의 농경지대를 둘러싸고 몽골국에 인접한 북부와 크림 분지, 티베트 고원 등 서부지방에는 1평방 킬로미터당 10명도 되지 않는 인구밀도가 아주 낮은 지역이 펼쳐져 있다. 혹독한 자연조건 아래 있던 이 지역들은 역사적으로 유목과 오아시스 농업을 생업으로 삼아 여러 집단의 생활무대가 되어 왔다. 중화인민공화국의 민족분류법에 따르면, 중화인민공화국에는 92%(1990년 조사)의 압도적 다수를 점하는 한족漢族 외에 55개의 소수민족³이 거주하고 있다.

중화인민공화국은 바로 이러한 여러 민족으로 구성된 다민족국가로서, 특히 북부에서 서부에 걸친 주변부에는 몽골족, 위구르족, 티베트족 등의 소수민족이 거주하는 네이멍구內蒙古 자치구, 신장新疆 위구르 자치구, 티베트 자치구 등의 성급 자치구를 두고 있다.

'중국이란 무엇인가'를 생각할 때, 잊어서는 안 될 것은 중국의 풍토와 그 곳에 사는 사람들이 매우 다양하다는 사실이다. 그러한

2_ 수대隋代(581~618)에 만들어져 지금의 항저우杭州에서 베이징 부근까지를 남북으로 연결하고 있다(제5장 수·당 제국의 성립 참고).

3_ 민족을 무엇으로 구분할 것인가는 어려운 문제다. 중국에서는 언어와 풍속, 종교 등의 차이에 따라 민족을 구분하고 있다. 그 결과 현재 중국에는 55개의 소수민족이 존재하고, 이 중 최대의 소수민족인 쫭족壯族(광시廣西를 중심으로 거주)은 1500만 명 이상이지만, 인구가 1000명 정도밖에 안 되는 소수민족도 있다.
　　역주｜조선족은 1997년에 조사된 바에 의하면, 55개 소수민족 가운데 17위인 216만 명으로, 해외에 거주하는 500만 명의 해외동포의 반정도를 차지한다. 조선족의 인구성장률은 최근 중국의 전체 평균성장률인 1.8%에 못 미치는 1.5%에 그치고 있다.

다양성을 내포한 지역과 인간집단을 어떻게 중국의 일부라고 생각하게 되었을까? 우리는 중국사를 공부하려 할 때 종종 아주 옛날부터 '중국'이라는 나라가 존재하였고 똑같은 문자를 공유하는 중국인이라는 확실한 집단이 존재했던 것처럼 생각하기 쉽다. 그러나 '중국'이라는 나라는 태곳적부터 지금과 같은 형태로 존재하였던 것이 아니라 다양한 문화와 생업을 가진 동아시아의 여러 집단과 교류하면서 오랜 역사를 통해 형성되었다는 점에 유의할 필요가 있다. 이 책『동아시아 속의 중국사』는 바로 이러한 입장에서 '중국'이라는 국가와 사회의 성립에 대해 생각해 보고자 한다.

'중국' 개념의 형성

'중국'이라는 말은 언제부터 사용하게 되었을까? 기원전 10세기부터 기원전 8세기 무렵 주대周代의 가요를 모은 책으로 알려진『시경詩經』[4]의 시 속에는 이미 "중국의 풍요로움으로 사방을 편하게 한다"는 구절이 보인다. 또 같은 시에 "경사京師를 풍요롭게 하여 사국四國을 안정시키자"라는 문구가 보인다. 여기에서의 '중국'은 지금 우리들이 생각하는 드넓은 영역을 가진 중국이 아니라, 수도[都] 내지는 수도 주변의 좁은 지역을 가리킨다고 볼 수 있다. 실제로 춘추시대春秋時代[5]까지 초기국가는 성벽에 둘러싸인 도시를 중심으로 한 좁은

4_ 중국에서 가장 오래된 가요집이다. 후에 시경은 유학 경전의 하나가 되었는데 이는 시경이 악정惡政을 비판하거나 풍속을 개선시키는 등의 역할을 한다는 사상과 관계가 깊다.

5_ 기원전 770~기원전 403년(제2장 춘추전국시대 참고).

지역을 지배하는 도시국가나 도시국가들의 연합체에 지나지 않았다. 여기저기 흩어져 있는 도시들 사이 사이에는 국가의 통제가 미치지 않는 이민족이 거주하는 황야가 펼쳐져 있었다.

그러나 그 후 전국시대戰國時代[6]를 지나 농지개간이 이루어지고 넓은 영역을 지배하는 국가가 생겨나기 시작하였다. 또한 이 시대에 여러 국가들이 교류하는 가운데 의식주 등의 풍속과 의례를 공유하는 국가들이 동서남북의 이적夷狄과 대비하여 스스로를 '중국'으로 의식하게 되었다. "덕德으로 중국을 안정시키고, 형刑으로 사이四夷를 다스린다"(『춘추좌씨전春秋左氏傳』[7])든가 "중국에 군림하고 사이四夷를 무마하다"(『맹자孟子[8]』)처럼 전국시대의 문헌에는 '중국'을 상위에 두고 이를 사이와 대비시키는 모습이 종종 나타난다. 그런데 여기에서의 '중국'이란 예禮에 기초한 국제질서를 공유하는 나라들을 말한다.

전국시대 초기에 '중국'으로 불린 범위는 은殷, 주周 등 초기 왕조의 중심지에 가까운 황허 중류의 나라들로 한정되었고, 양쯔 강 이남의 국가들(초楚, 오吳, 월越)과 서방의 진秦 등은 융적戎狄, 만이蠻夷 등으로 부르며 중국의 범주에 넣지 않았다. 그러나 점차 이 국가들도 '중국'에 편입되어 갔고, 스스로를 중국의 일부로 의식하게 되었다. 그리고 진나라의 통일을 이어 한대漢代가 되면 통일왕조의

6　기원전 403~기원전 221년.

7　『춘추春秋』는 제후국의 하나인 노魯의 연대기로, 공자가 편찬한 것으로 알려져 있다. 이 책에서 다루는 시대를 후에 춘추시대라고 한다. 『춘추좌씨전』은 기원전 4세기 후반부터 기원전 3세기경에 만들어진 『춘추』의 주석서다.

8　기원전 4세기 후반부터 기원전 4세기 초의 유가사상가인 맹자의 언행을 적은 책이다.

직접적인 지배영역을 거의 '중국'에 일치시키고, 이를 그 밖의 지역과 대비시키는 방법이 정착되어 갔다. "흉노는 항상 중국의 골칫거리"라든가 혹은 "천하의 명산은 8개가 있으니, 만이蠻夷에 3개가 있고, 중국에 5개가 있다"(두 기사 모두 『사기』[9]) 등과 같은 언급이 모두 그러한 예일 것이다.

'중국'과 '화이사상華夷思想'

여기서 주목하고 싶은 것은 원래 '중국'은 국가의 이름이 아니라 여러 국가가 포함된 문명권을 가리키는 말이었다는 점이다. 중국 (화하華夏 혹은 중화中華라고도 함)이라는 용어는 이후 황제가 통치하는 제정帝政시대에도 계속 사용되었는데 '세계의 중앙에 있는 (우리) 영역'이라는 막연한 의미였다.

천하의 중심에 수준 높은 문명을 자랑하는 중국이 있고, 주변에는 문명의 혜택을 받지 못한 이적夷狄이 살고 있는데, 덕이 높은 군주가 나타나면 이적들도 점차 감화를 받고 나아가 중국에 복속되니 중국 영토는 세계 끝까지 이르게 될 것이라는 전통적인 세계상이 오늘날의 화이사상華夷思想 혹은 중화사상中華思想이다. 이러한 중화사상에는 분명히 중국을 높이고 이적은 멸시하는 의식이 포함되어 있다고 비판받아 왔다. 그러나 중화사상에 이적에 대한 배외적인 차별만이 들어 있었다고는 할 수 없다. 당대의 한유韓愈[10]는 "공자

9_ 한대의 인물인 사마천司馬遷의 저작이다. 제2장의 〈황허 문명과 초기 왕조〉 참고.

10_ 768~824년. 고문 부활을 제창한 학자.

는 춘추를 지을 때, 제후라 해도 이적의 예를 사용하는 자는 이적에 넣었고, 또 중국에 들어온 사람은 중국으로 보았다"고 말하고 있다. 즉, 중화문명을 수용하는 자라면 출신을 따지지 않고 중국에 포함시키고자 하는 포용성도 '중국'이라는 개념의 한 특징이라 할 수 있다.

오늘날 우리의 상식적인 세계상에서 고유문화를 가진 민족이 각각의 국가를 형성하여 확실한 경계 속에서 공존하며, 그 경계 속에서 다른 나라의 간섭을 받지 않고 주권을 행사하는 것을 당연하게 생각한다. 그런데 그러한 주권국가 혹은 국민국가라는 발상은 16~17세기 이후 유럽에서 점차 성장하여, 19세기 유럽의 세계진출과 함께 세계로 확산된 것이다. 또한 유럽과 미국의 지배에 대항하는 아시아·아프리카의 민족운동도 이러한 유럽에 기원한 국가관에 기반을 둔 것이다.

이상의 '주권국가', '국민국가'의 세계상과 중국의 전통적인 '화이사상'의 세계상을 비교해 보면, 다음과 같은 차이점을 지적할 수 있다. 첫째, '국민국가'의 세계상은 각각 고유한 문화를 가진 많은 나라들이 경쟁하는 것으로 보지만, 화이사상은 천하의 중심을 하나로 보고 그 중심에 주변이 복속한다고 생각한다. 둘째, '주권국가'의 세계상에서 국가란 영토라는 점에서도 국민이라는 점에서도 확실한 경계를 갖고 그 내부에 배타적인 관할권을 갖지만, '화이사상'에서는 국가의 경계가 확실하지 않으며 덕이 높은 군주를 중심으로 주변부에 점차 감화를 끼치는 이미지로 세계를 파악하고 있다.

근대 내셔널리즘과 '중국' 개념

'중국'이란 위에서 말한 것처럼 화이사상의 세계상에서는 '이적'에 대비하여 문명 수준이 높은 중심부를 막연하게 가리키는 말로 사용되고 있다. 제정帝政시대의 중국인들에게 나라의 이름은 '대한大漢'이나 '대당大唐'처럼 왕조의 이름이었지 중국이 아니었다. 다른 지역의 사람들도 이 지역을 중국 혹은 중국을 어원으로 하는 말로 부르지 않았고, 보통 우연히 접촉한 왕조의 이름에서 유래하는 말로 불렀다. 예를 들면 '진秦'에서 유래했다는 '친' 계통의 명칭(한역 불경[11]에 보이는 지나支那, 영어의 차이나China, 프랑스어의 신Chine 등이 여기에 해당한다), 거란에서 유래한 키타이Kithai 계통의 명칭(러시아어의 키타이 등), 일본에서 사용된 가라[唐] 등이 그것이다.

'중국'이라는 용어가 확실하게 나라의 명칭으로 사용된 것은 근대 내셔널리즘이 중국에 영향을 미친 19세기 말 이후였다. 청말의 개혁사상가 량치차오梁啓超[12]는 자국의 역사를 어떻게 부를 것인가라는 문제와 관련하여 다음과 같이 서술하고 있다.

황허 문명 이후 유라시아 대륙의 동부를 무대로 펼쳐온 역사를 '중국사'라고 부르는 것이 우리에게는 당연한 것처럼 여겨지고 있으나, 이것을 보면 '중국사'라는 명칭도 기껏해야 약 100년 전부터 사용된 것임을 알 수 있다.

11_ 인도에서 성립한 불교는 기원후 1세기 무렵 중국으로 전해졌고, 4세기 이후에는 불교경전의 한역이 크게 유행하며 일반 사회로 퍼져 나갔다.
12_ 1873~1929년. 서양의 근대사상과 사회제도를 중국에 소개하여 학술뿐 아니라 정치와 저널리즘 등 많은 분야에 큰 영향을 끼쳤다.

내가 가장 참기 힘든 것은 우리나라에 나라 이름이 없다는 것이다. 일반적인 명칭으로 제하諸夏, 한인漢人, 당인唐人 등이 있지만 모두 왕조 이름이다. 외국인이 중국을 칭하는 것으로 진단震旦,[13] 지나支那 등이 있지만, 모두 우리 스스로가 붙인 이름이 아니다. 하夏, 한漢, 당唐 등으로 우리 역사의 이름을 삼는 것은 국민을 존중하는 방침에 반대되는 것이다. 우리 역사를 진단이나 지나 등으로 부르는 것도 이름은 주인에 따른다는 공리公理에 반한다. 중국, 중화라는 명칭은 자만한 경향이 있어 비판을 받을지도 모른다. 그러나 일가一家의 이름에 불과한 왕조 이름으로 국민을 더럽힐 수는 없고, 외국인의 임시 명칭을 국민에게 강요할 수도 없는 일이다. 이 세 가지는 모두 결점이 있으므로 할 수 없이 우리가 보통 사용하는 말을 채용해서 '중국사'라고 부르고 싶다. 이것은 조금 교만한 표현일지도 모르지만 민족이 각자의 국가를 존중하는 것은 현재 세계에서 통용되는 도리 니, 우리 동포가 명과 실의 관계를 깊이 통찰한다면 그것도 정신을 수양하는 하나의 길일 것이다.

「중국사서론中國史敍論」, 『음빙실문집飮氷室文集』 6, 1901년

그런데 량치차오가 채용한 '중국사'라는 단어에는 다음과 같은 몇 가지 주장도 포함되어 있다. 첫째, '프랑스', '일본' 등과 나란히 세계국가의 하나로서 중국을 보고자 하는 주장이다. '화이사상'에 서는 '중국'은 천하 유일의 중심이며, 따라서 특별히 타자와 구별되 는 명칭을 붙일 필요도 없었다. 그러나 량치차오의 시대에는 '민족 이 각각의 국가를 존중하는 것은 현재 세계의 통상적인 도리'라고

13_ 인도에서 중국을 가리킬 때 사용하는 시니스탄이라는 말(진秦의 토지라는 뜻이 다)에 한자를 붙인 것이다.

생각하게 되었다. 둘째, 국가의 본체는 왕조가 아닌 국민이라는 사고방식이다. 한이나 당 왕조는 황제 일개한의 경우 유劉씨, 당은 이李씨]의 것에 지나지 않아 왕조교체를 넘어 연속하는 국민국가를 표현하는 용어로는 적당하지 않기 때문에 '중국'이라는 단어가 선택된다.

량치차오를 비롯한 근대 중국 내셔널리스트들의 과제는 중국을 격심한 국제경쟁 속에서 살아남을 수 있는 강한 국가로 만드는 것이었다. 이를 위해서는 뛰어난 군주를 중심으로 덕화德化가 주변에 미친다는 전통적인 세계관에서 벗어나, 확실한 틀을 가진 '중국'의 형상을 만들어 냄과 동시에 그것을 지탱할 기개를 갖춘 단결된 '국민'을 만들어 낼 필요가 있었다. 1912년에 성립한 중화민국도 1949년 성립된 중화인민공화국도 경제적·제도적인 국가건설이었을 뿐만 아니라 그러한 정신적 국가통합의 과제를 이어받아 성립된 것이라고 할 수 있다.

중국만이 아니라 일본을 포함한 근대 여러 국가에서의 역사학은 이러한 정신적 국가통합의 과제와 결부되어 발전해 왔다. 우리들의 역사인식은 이러한 근대의 지적 경영의 결과로 형성되었다. 그러므로 거기에서 중시된 근대적 국가의 틀을 무의식적으로 과거에 투영하여 역사를 보면 생각지도 못한 왜곡이 일어난다. 그 점에 주의하면서 '중국'의 역사적 성립을 돌아보기로 하자.

제2장 / 중국문명의 형성

황허 문명과 초기 왕조

전한前漢대의 사마천[1]이 기술한 『사기史記』는 당시의 세계 통사라 할 수 있는데, 다음과 같이 역사의 시작을 묘사하고 있다. 먼저 오제본기五帝本紀에 황제黃帝로 시작되는 전설상의 5명의 제왕(황제, 전욱顓頊, 제곡帝嚳, 요堯, 순舜)에 대한 기사가 있고, 계속하여 순으로부터 천자의 지위를 계승받은 우禹가 세웠다고 전해지는 하夏왕조(하본기), 폭군으로 인해 어지러워진 하왕조를 대신하여 천하를 지배한 은殷왕조(은본기), 또다시 폭정으로 인해 은을 멸망시킨 주周왕조(주본기)라는 3대에 걸친 제왕들의 통치가 기술되었다. 이어 주가 분열 상태에 빠진 춘추전국시대에 세력을 키워 천하를

1_ 기원전 145(기원전 135년이라는 설도 있다)~기원전 87년. 한나라 무제 때의 사람이다. 기록을 관장하는 관리의 집안에서 태어나 아버지가 죽은 후 궁중의 도서와 자신의 견문에 기초하여 『사기』를 저술했다. 『사기』는 군주의 사적을 연대순으로 기술한 「본기」와 대신과 유명인물의 전기인 「열전」으로 구성되었는데, 그러한 역사 기술 형식을 기전체紀傳體라고 한다. 기전체는 그 후 중국 역사 서술의 전통적 스타일의 하나가 되었다.

통일하는 진나라 역사(진본기)가 서술되어 있다. 이렇듯 태고의 역사는 분열시대를 포함하면서도 천하를 지배하는 왕조가 차례차례로 이어지면서 한 줄기의 선으로 구성되어 있다. 제정시기의 중국인에게 『사기』의 기술은 고대사 인식의 기초가 되었다.

역사의 시작에 대해 어디까지가 전설이고 어디부터가 실제의 역사일까. 경계가 조금 애매하기는 하지만 주대의 역사에 관해서는, 실제로 왕조가 존재했음을 보여주는 청동기 등의 유물이 풍부

거북이 등딱지에 기록된 갑골문자

하여 송대 무렵까지 많은 학자들이 청동기 명문銘文을 수집하는 작업 등을 벌여 왔다. 이에 비해 은왕조의 역사 실상은 제정시대에는 막연한 채 밝혀지지 않았다. 그러다가 19세기 말, 중국의 한 학자가 한방 약재로 쓰이는 수골獸骨 위에 쓰인 문자와 『사기』 「은본기」와의 관련에 우연히 주목하게 되면서 갑골문자[2]의 해독이 진행되어 은왕조의 실재가 확인되었다. 또한 1928년부터 허난성河南省 안양시安陽市 은허殷墟의 발

2_ 은나라에서 점을 칠 때 사용하던 문자. 은대에는 거북이의 등뼈인 복갑腹甲과 소의 어깨뼈인 견갑골肩甲骨에 구멍을 뚫고 불에 쬐어 생긴 균열을 보고 길흉을 점쳤다. 점을 친 결과를 갑골에 기록하였기 때문에 그 문자를 갑골문자라고 부른다.

굴로 은나라 후기의 궁전과 왕묘 유적 및 대량의 청동기와 옥기가 발견되었다. 이 무렵 황허 유역에서는 중국문명의 기원을 탐구하는 고고학적 조사가 진행되어 스웨덴 학자에 의해 허난성 양샤오仰韶에서 채색토기가 발견되고, 중국학자에 의해 산둥성 룽산龍山에서 흑도黑陶가 발견되는 등 중요한 발견이 계속되었다. 출토지층의 상하관계에 의해 양샤오 문화를 이어 룽산 문화가 성립되었음이 밝혀졌다. 동시에 중화인민공화국의 성립을 전후하여 은허 이전 시대에 대한 발굴조사도 계속되어 은허 이전의 은의 수도로 추정되는 얼리강二里岡 문화, 또 하나라의 유적으로 추적되는 얼리터우二里頭 유적(둘 다 허난성 소재)이 발굴되었다. 이로써 황허 유역에서 신석기문화의 발생에서부터 『사기』에 기술된 초기 왕조의 성립까지의 과정이 점차로 해명되었다.

중국문명의 다원성

황허 유역을 중심으로 하는 고적 발굴조사는 1920년 무렵부터 진행되었는데 1970년 무렵부터는 중국 고고학에도 커다란 전환이 일어나게 되었다. 그것은 중국문명의 발생을 둘러싼 '일원론'에서 '다원론'으로의 전환이었다.

황허 유역에 초점을 맞춘 연구에서는 중국문명은 황허에서 발생하여 그것이 주변으로 전파되어 갔다는 견해가 유력하다. 황허 유역 이외의 신석기 문화는 황허 문명의 영향을 받아 성립한 후진적 문화로만 취급되었다. 그것은 초기 왕조의 기반이었던 '중원'을 중심으로 역사의 시작을 묘사하는 『사기』의 역사관과도 상통하는 일원적인 관점이었다고 할 수 있다.

한편, 1970년부터 급속하게 진행된 중국 각지의 발굴조사를 통해 각지의 신석기 문화가 반드시 황허 유역의 영향을 받아 발전된 것은 아니고, 각 지역에서 독자적으로 발달한 것임이 밝혀졌다. 이들 신석기 문화는 이후의 왕조 형성에 직접 이어진 것이 아니라 역사서에 나타나지는 않았지만 같은 시기 황허 문명에 뒤지지 않는 수준 높은 것으로 평가받고 있다. 이에 현재는 중국 신석기 문화에도 몇 개의 계통이 있었다고 보는 다원론이 주류를 이루게 되었다. 예를 들면, 양쯔 강 중하류 유역을 중심으로 하는 동남계통, 중원을 중심으로 하는 화북계통, 랴오허 강遼河 유역을 중심으로 하는 동북계통의 3대 계통론[3] 등이 그것이다.

기원전 6000년 무렵부터 농경을 하였다는 확실한 증거도 나타났다. 황허 유역에서는 조·기장·콩 등의 잡곡 재배가, 양쯔 강 유역에서는 벼농사水田稻作가 시작되었고, 수렵 채집과 농경 및 돼지 등의 가축 사육을 아우르는 생산형태가 이루어졌다. 기원전 5000년경에는 황허와 양쯔 강 모두에서 직경 100~200m 정도 되는 수백 명 규모의 집단취락이 출현하였다. 랴오허 강 유역에서는 농경은 조금 늦게 시작되었지만, 기원전 6000년경부터 황허와 양쯔 강 유역 유적에 뒤지지 않는 대규모 집락이 출현하고, 풍부한 자연환경에서 사슴, 멧돼지, 물고기, 호두 등의 수렵과 채집에 의존한 풍부한 생활환경을 영위하였다고 알려졌다.

3_ 중국의 고고학자 옌원밍嚴文明의 설이다.

지역통합과 초기국가의 형성

이들 각 문화의 교류는 점차 밀접해져서 기원전 3000년경에는 공통된 문화요소를 갖춘 광역문화권이 형성되었다. 돌림판을 사용해 만든 얇은 흑도가 황허 유역에서 양쯔 강 유역에 이르는 넓은 지역에 분포하고 있는 것은 여러 문화의 상호작용이 밀접해진 것을 보여주는 일례다.

성벽 주위에 깊은 해자(호濠)를 두르고 면적이 수십 헥타르에 이르는 대형 성곽집단이 각지에 출현한 것도 이 시기의 특징이다. 이렇게 집락集落이 대규모로 된 배경에는 농업기술의 진보에 의해 인구가 증가하고 동시에 집락간의 교류가 밀접해진 것을 들 수 있다. 교류가 밀접해지면서 문화 전파뿐 아니라 한편에서는 집락간의 경쟁도 일어났다. 기원전 3000년 전의 유적에서 화살촉이 박히거나 석기로 베인 흔적이 있는 전사자로 보이는 사람뼈가 출토되었다. 집락간의 경쟁에서 스스로를 보존하기 위해서는 많은 사람들이 공동작업으로 대규모 성곽을 건설할 필요가 생겼다. 대량의 옥기玉器가 순장된 대규모의 묘는 그러한 공사와 전쟁을 지도한 수장首長의 묘였을 것이다. 룽산 문화에 속한 흑도가 최초로 발견된 산둥성 청쯔야城子崖 유적은 대규모 집락의 예인데, 화북뿐만 아니라, 후베이성湖北省의 스자허石家河 유적 등 양쯔 강 유역에도 거대한 성곽집단을 중심으로 반경 100킬로미터에 달하는 주변의 여러 집단을 통합한 집락연합의 예가 보인다. 중국 초기 왕조는 이러한 집락의 연합으로 성립한 것이다.

중국의 고고 유적

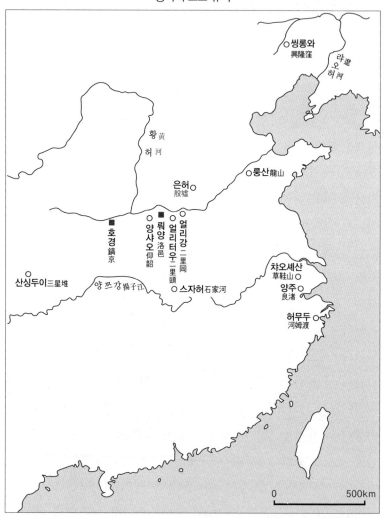

씽룽와
興隆窪

랴오
遼허
河

황黃
허河

룽산龍山

은허
殷墟

얼리강二里岡
뤄양洛邑
양샤오仰韶
얼리터우二里頭

호경鎬京

챠오셰산
草鞋山
양주
良渚

산싱두이三星堆
양쯔강揚子江
스자허石家河

허무두
河姆渡

0   500km

기원전 3000년경에는 양쯔 강 중하류 문화가 쇠퇴하고 황허 중류의 룽산 문화의 뒤를 이은 얼리터우와 얼리강 문화의 영향력은 그 빈틈을 채우는 형식으로 확대되었다. 앞에서 서술한 것처럼 얼리강, 얼리터우 유적은 중국 초기 왕조인 하와 은의 도성으로 생각된다. 은나라 후기의 지배지역은 은허를 중심으로 반경 약 600km나 되는 상당히 넓은 지역이었다. 그러나 은나라가 직접 통치한 지역은 도성 주변으로 한정되었다. 은의 지배체제는 읍邑(성벽이 있는 도시)의 연합체였다. 대읍을 중심으로 많은 소읍을 복속시킨 유력자가 은왕 아래에 연합하고, 왕은 요소요소에 군사거점을 두고 감시하면서 종교적 의례를 통해 그들 씨족을 지배하였다.

은왕조에서는 정치를 행할 때, 거북이 등뼈와 소의 어깨뼈에 구멍을 뚫고 불을 놓아 생긴 균열을 보고 신의 뜻을 점쳤다. 또한 복잡한 문양의 다양한 청동기[4]가 제사에 사용되었다. 은나라 통치에서는 왕이 가지고 있는 영력靈力에 따라 읍들을 통합해 갔는데, 이러한 의례는 상당히 중요하였다.

춘추전국시대

기원전 11세기에 은을 멸망시킨 주왕조는 왕의 일족인 유력자와 공신 및 토착 수장들에게 읍을 하사하여 세습케 하고, 이들을 제후

---

4 술과 음식을 담는 용기가 많은데 모두 제사에 사용되었다. 도철문饕餮文이라고 불리는 괴수의 얼굴 모양을 넣은 것이 많다. 또한 은왕조와 거의 같은 시대의 것으로 보이는 쓰촨성四川省 산싱두이三星堆 유적에서는 튀어나온 눈과 큰 귀를 가진 가면 등을 특징으로 하는 청동기가 다수 출토되었다.

인간 형상을 한 악령을 먹는
호랑이 형태의 청동 주전자. 은대

눈이 튀어나온 청동 가면
산싱두이三星堆 출토

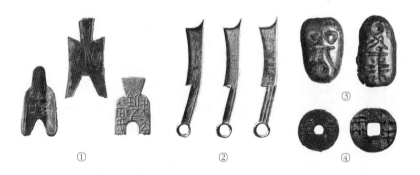

① ② ③ ④

전국시대의 청동화폐
① 포전布錢 ② 도전刀錢 ③ 동패전銅貝錢 ④ 원전圓錢

諸侯로 삼았다. 제후는 다시 자신의 가신들에게 세습할 수 있는 영토를 나눠주고 민民을 지배하도록 하였다. 봉토의 분봉에 의한 주대의 정치시스템은 '봉건封建'[5]이라 부르게 되었다. 주나라의 경우도 은대처럼 왕이 모든 영토를 직접 지배하는 것이 아니라, 읍邑을 지배하는 제후들을 종교적인 권위로 통합하는 정치형태였다고 할 수 있다. 그러나 그 통치는 점차 약해져 이민족인 견융大戎의 침략을 받은 주나라가 수도를 관중關中의 호경鎬京에서 중원의 낙읍洛邑(뤄양)으로 천도하는 것을 계기로 많은 나라들이 서로 경쟁을 벌이는 춘추시대(기원전 770~기원전 403), 전국시대(기원전 403~기원전 221)라는 동란의 시대가 시작되었다.

춘추전국시대는 사회경제의 변화에 따라 정치제도가 크게 변하는 중요한 변동기였다. 그러한 변화를 몇 가지로 정리해 보자. 첫째, 철기와 우경의 보급으로 농업생산력이 향상되어 5인 가족의 소농민이 자립하여 농업생산을 이룰 수 있게 됨으로써 씨족제도와 이 제도에 의해 지탱되고 있던 봉건적 정치제도가 붕괴되었다. 둘째, 여러 나라가 경쟁하는 가운데 각국에서는 부국강병을 목표로 산업의 진흥과 함께 군주권의 강화를 꾀하였다.[6] 춘추시대에는 주왕의 권위를 지키려 했던 제후들도 전국시대에 들면 공공연히 왕이라 칭하게 되었고, 각 나라에서는 왕이 직속 현縣을 두고 직접 지배하는 영역이 늘어 갔다. 셋째, 광역적 문화교류가 활발해졌다.

5_ 원래 흙을 쌓아 경계를 정하고, 토지를 나누어 다스리게 하는 것을 말한다. '봉건'이라는 말은 근대 들어 서양 중세의 feudalism의 번역어로 쓰였고 현재는 서양 중세와 같은 분권적 정치시스템과 토지제도를 가리키는 말로 일반적으로 사용되고 있다.

6_ 이와 같은 산업진흥책으로 상업이 발전하고 청동 화폐도 만들어졌다.

전국시대에 활약한 제자백가 사상가들은 가족적인 질서를 기초로 그것을 국가·천하에 보급시키고자 한 유가, 혈연을 뛰어넘어 무차별의 사랑을 설파하는 묵가, 권력을 집중한 군주가 법과 술[策略]로 신민을 통치해야 한다는 법가 등 그 주장이 다양했다. 이들은 모두 자신을 등용해줄 군주를 찾아 각국을 돌아다녔다. 국國을 초월한 '천하'의 관념은 여러 나라가 서로 항쟁하는 춘추·전국의 국제관계 속에서 성장하였다고 볼 수 있다.

이러한 변화 속에서 문화적인 통일성을 갖는 '중국', '화하華夏', '제하諸夏'와 주변의 이적을 대비시키는 관념이 정착되어 갔다. 그러나 중국의 범위는 논자에 따라 다르다는 점에도 주목해야 한다. '화하'의 하夏는 하왕조와 관계 있지만 실제 하왕조의 영역과는 관련이 없다. 오히려 전국시대 사람들의 인식이 고대에 투영된 것이라고 할 수 있다. 중국에서 가장 오래된 지리서로 일컬어지는 「우공禹貢」은 『서경書經』의 한 편으로 전국 말기에 성립된 것인데, 하왕조의 시조인 우禹가 홍수를 평정한 후 전 국토를 9개의 주州로 나누었고 그 9개의 주 각각의 공납품 등에 대해 기록한 것이다.[7] 여기에서도 전국시대 사람들이 고대에 투영한 중국의 전체적 이미지를 볼 수 있다.

7_ '우공禹貢'의 9주에는 화남華南은 포함되지 않고, 현재의 저장성浙江省과 후난성湖南省의 북쪽 부분이 남방 경계선으로 되어 있다. 후에 경제의 중심이 되는 양쯔 강 유역은 토지 질이 가장 나쁜 변경지역으로 간주되고 있다.

진의 통일

전국 7웅으로 불리는 7개의 강국(제齊, 초楚, 진秦, 연燕, 한韓, 위魏, 조趙) 중에 서쪽 변경에서 일어난 신흥국가 진은 적극적인 부국강병책을 채용했다. 특히 기원전 4세기 효공孝公 시대에는 법가인 상앙商鞅을 등용하여 개혁을 추진하였다. 그 내용을 보면, 대가족을 나누어 소가족으로 만드는 법(분이의 법分異法)과, 군공에 따라 작위를 주는 장려책(군공작軍功爵), 상호감시와 연좌 시스템 등 군주의 권력을 강화하여 국가 구석구석까지 그 지배가 미치게 하였다.

상앙의 개혁과 대규모의 수리 개발로 국력이 신장된 진나라는 기원전 230년 이후 동방의 6국을 차례차례 멸망시켰다. 기원전 221년 중국을 통일한 진왕 정政은 '왕'을 넘어 천하의 지배자로서 '황제[8]'라는 칭호를 만들어 황제 자리를 올랐다(시황제始皇帝). 시황제가 행한 통일정책은 『사기』 「진시황본기」에 자세히 기록되어 있는데 이에 따르면 진은 전국의 무기를 몰수하고 도량형·화폐·문자·수레바퀴 등을 통일하였다. 전 국토는 36개의 군郡(후에 48개 군)으로 나누고 관료를 파견하여 통치하였다. 또한 스스로 전국을 순행하며 장성의 수복과 아방궁, 시황제릉[9]의 건설 등 대규모 공사

8_ 주대周代에는 천하를 통치하는 주왕을 부르는 용어로서 천자라는 말이 사용되었는데 진나라 왕인 정政은 권위가 떨어진 천자라는 호칭 대신 황제라는 칭호를 만들었다. '황'과 '제'라는 글자는 원래 신격화된 전설상의 제왕 이름으로 '황제'는 '빛나는 위대한 신'이라는 의미다. 시황제는 그가 죽은 후의 호칭으로서, 생전에는 황제로 불렀다. 그의 뒤를 이은 역대 황제는 2세 황제, 3세 황제 등으로 불릴 예정이었다.

9_ 시황제릉 부근에서 발굴된 사람 크기의 병마용(병사와 군마 모양을 한 인용으로 유약을 바르지 않고 구운 것이다)은 진나라 정예부대의 모습을 생생하게 보여주고 있다.

를 실시하였다. 그러나 옛 동방 6국 지역에서는 반진反秦 감정이 뿌리 깊어 병졸인 진승陳勝과 오광吳廣이 반란을 일으킨 것을 시작으로 각지에서 봉기가 일어나 진나라는 통일 후 15년 만에 멸망하였다. 반란 중에 농민 출신인 유방劉邦이 초나라 명문가 출신인 항우項羽를 격파하여 전국을 평정하고 기원전 202년에 황제에 올라 한나라를 건국하였다.

진나라 시황제의 중국통일은 그 후 2000여 년간 계속된 황제 정치체제를 만들어낸 대사업이었다. 그러나 진나라 통일의 획기적인 의의와 더불어 춘추·전국에서 진을 거쳐 한 이후로 연결되는 연속성에 대해서도 주목해야 한다.

그 첫 번째는 '봉건'과 '군현'의 문제다. 크게 보자면 유력자에게 봉토를 나누어주고 이를 세습적으로 통치하게 하는 주대의 봉건제도는 춘추·전국이라는 동란 속에서 붕괴되었다. 대신 진나라에 의해 관료를 파견하여 통치하는 군현제도가 전국적으로 채용되었고 이는 이후 제정帝政시대를 관통하는 제도가 되었다. 그러나 앞에서도 이야기한 것처럼 새롭게 획득한 땅에 현縣을 두어 직접 통치하는 방법은 춘추·전국시대부터 보이는 것으로, 진나라의 독창적인 제도는 아니다. 그리고 진이 통일된 후에도 '봉건'적인 지배방식이 사라진 것도 아니다. 국내에서 일족과 공신에게 영토를 주고 세습적으로 통치시키는 경우, 국내에서 소수민족의 수장에게 세습의 지배권을 주고 간접통치를 하는 경우, 또한 주변 여러 나라의 군주에게 왕의 칭호를 주어 중국중심의 세계질서에 편입시키고자 한 경우 등 중국 제정시대를 통해 '봉건'적 지배양식은 유연하게 활용되고 있었다.

'군현'과 '봉건'의 이 같은 관계는 중국의 전통적인 국가 관념에 기초한 것이기도 하다. 오늘날의 '주권국가'의 관념에서 보자면 국경선을 경계로 해서 그 안쪽은 국가의 주권이 직접 미치는 데 반해, 그 바깥쪽은 외국의 주권에 속하는 지역으로서 간섭을 할 수 없다는 것이 상식이다. 그러나 중국의 전통적인 관념에서는 군주는 직접적 군현통치와 간접적 봉건통치를 적절하게 섞어서 '천하'를 지배해야 하는 것이었고, 국경선은 그다지 중요하지 않았다. 이제부터 논의하려는 '동아시아 속의 중국사'에서도 '국내통치'와 '국제관계'가 서로 침투하고 있는 것 같은 중국의 국가관에 주목하면서 이야기를 진행하고자 한다.

제3장 / 농경사회와 유목사회

흉노와 진·한제국

기원전 9~8세기, 유라시아 북방 초원지대에는 청동제 마구와 무기 (화살촉, 단검, 도끼) 등을 가진 기마유목민이 나타남과 동시에 유목민들의 활동이 활발해지기 시작하였다. 최초의 사서에 등장하는 유목민족은 초원지대 서부의 스키타이[1]다. 중국 북방에서도 기마유목민의 활동이 나타나자 연燕·조趙·진秦 등 전국의 여러 나라는 장성을 쌓아 대비하기도 하였다. 기원전 4세기 말 조趙의 무령왕武靈 王처럼 좁은 소매에 바지를 입는 기마민족의 복장과 말 타고 활 쏘는 전투방법[胡服騎射]으로 전력을 증강시키는 군주도 나타났다.

기원전 3세기 말, 진이 중국을 통일할 무렵 몽골 고원에서 활동하고 있던 동호東胡·흉노匈奴·월지月氏의 세 유목집단 가운데 흉노가

---

[1]_ 기원전 8세기 말부터 기원전 7세기경 러시아 남부의 초원에 나타나 카프카스 산맥을 넘어 서아시아를 침입하였다. 그리스의 역사가 헤로도투스(기원전 5세기)는 페르시아에 침입한 스키타이가 "말을 타고 활을 사용하는데, 생활은 농업을 하지 않고 목축에 의존하고 있으며 마을이나 성벽 같은 것도 짓지 않고 가족들을 데리고 이동하며 살고 있다"는 내용을 쓰고 있다.

중앙 유라시아의 지형과 식생

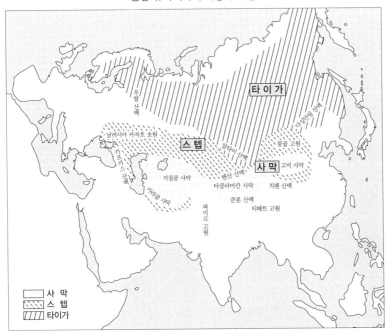

급속히 세력을 성장시켜 나갔다. 진시황제는 장군 몽염蒙恬을 파견하여 흉노 세력을 물리치고, 전국시대 각국의 장성을 합쳐 만리장성을 축조하고 흉노 침입에 대비하였다. 그러나 진시황이 죽고, 흉노에서 모돈선우冒頓單于[2]가 즉위하자 흉노는 동호를 멸망시키고, 월지를 서방으로 몰아내 초원지대 동부를 통일하고 서역의 오아시스 국가를 지배하에 두었다.

진의 멸망이라는 동란을 틈타 계속 침입해 들어오는 흉노를 막기

---

2 기원전 209~기원전 174년 재위. 선우란 흉노의 군주를 부르는 호칭으로 '위대한 분'이라는 뜻이다.

위해 한 고조高祖(유방)는 대군을 이끌고 총력전을 펼쳤지만 흉노군에게 포위당하여 겨우 도망쳐 왔다. 이후 흉노와는 화친의 약조를 맺고 매년 비단과 술·쌀 등을 공납으로 바치게 되었다. 한은 고조 이후 흉노에 대해 소극정책을 폈는데, 이러한 상황을 뒤엎고 적극적인 정책을 편 것은 7대 무제武帝(재위 기원전 141~기원전 87년)였다.

무제는 당초, 앞서 흉노에 의해 서쪽으로 쫓겨간 대월지와 동맹을 하여 흉노를 협공하고자 장건張騫을 서역으로 파견하였다. 장건은 흉노에게 붙잡혀 10여 년간을 포로로 지내다 대월지大月氏에 도착하였지만 목적을 달성하지 못하고 돌아왔다. 그러나 그가 서역에 머물면서 얻은 서역 여러 지방에 관한 정보는 한이 서역으로 진출할 때 중요한 역할을 하였다. 대월지와의 동맹책이 실패하자

쥐옌居延에서 출토된 한의 목간

무제는 위청衛靑과 곽거병霍去病 등의 장군에게 흉노를 공격하게 하여 하서회랑河西回廊[3]을 탈취함과 동시에 고비사막에서 흉노를 구축했다. 무제는 점령한 토지에 병사를 보내 둔전屯田을 경작하게 하고, 군대를 주둔시켜 흉노를 방비하였다. 흉노를 방지하기 위한 이러한 군사시설(봉화대 등)에서 출토된 목간木簡[4]은 현재 한

3_ 현재의 간쑤성에 속한다. 중국 내지와 타림 분지의 오아시스 지대를 연결하는 회랑 같은 좁은 통로다. 한은 여기에 둔황敦煌, 주취안酒泉, 장예張掖, 우웨이武威 4군을 설치하였다.

대사의 연구자료로 이용되고 있다. 또한 한은 하서를 통해 타림 분지로 진출하여 오아시스 제국을 지배 하에 두었다. 이에 오아시스 제국에서의 수입을 상실하게 된 흉노는 쇠퇴하고 내분으로 분열되고 그들 일부는 한의 지배 하에 들어갔다.

흉노 사회

『사기』 흉노열전에 "흉노에는 문서는 없고 말로 약속을 한다"고 기록되어 있듯이 흉노는 문자가 없어 문헌자료를 남기지 못하였다. 그러나 『사기』를 시작으로 하는 중국 사료에는 한의 강적이었던 흉노에 대한 많은 기사가 남겨져 있다. 흉노 사회의 특징에 대해 『사기』에서는 대략 다음과 같이 정리하고 있다."

"그들은 말·소·양을 많이 키우고 있으며 물과 풀을 따라 이동한다. 성곽과 정주지, 경작지 등은 없으나 각자 분배받은 토지가 있다. 어린아이도 양에 타고 활을 쏘아 새와 쥐 등을 잡을 수가 있다. 조금 성장하면 여우, 토끼 등을 식료로 삼는다. 장년이 되면 강한 활을 쏠 수가 있고 모두 갑옷을 입는 기병이 된다. 그들은 평상시에는 가축과 함께 이동하며 새와 짐승 사냥을 생업으로 하는 것이 관습이다. 전시에는 모두 전투를 익혀 침략을 한다. 이것이 천성이다. 멀리서 적을 공격할 때 쓰는 무기는 활과 화살이고, 짧은 거리에서 쓰는 병기는 칼과 방패다. 유리하면 나아가고 불리하면 후퇴하여

4_ 당시는 종이가 아직 보급되지 않았기 때문에 각종 장부와 규칙 등은 모두 얇은 나무나 대나무 판에 써서 전달하거나 보관하였다. 출토된 목간 중에는 병사의 명부와 식량·군수물자의 장부, 봉화대를 올리는 방법의 규칙 등 여러 가지가 포함되어 있어 당시의 병사와 관료의 생활상을 엿볼 수 있다.

도망치는 것을 부끄러워하지 않는다. 이익이 있으면 취하려 하니 예절을 알지 못한다. 군왕 이하, 모두 가축 고기를 먹고, 가죽 옷을 입고 펠트 옷을 걸친다. 장년들이 맛있는 음식을 먹고 그 나머지를 노인들이 먹는다. 건장한 사람을 귀히 여기고 노약한 사람은 천하게 생각한다. 아버지가 죽으면 후처를 취하거나 형제가 죽으면 부인을 취해 결혼한다."

이러한 풍습은 중국인들의 입장에서 본다면 멸시할 만한 이적의 악습이었다. 그러나 『사기』「흉노열전」에 나오는 중행설中行說과 같은 인물의 말을 빌리면, 중국인의 이적관은 자기중심적인 것임이 드러난다. 중행설은 한 문제가 종실의 딸을 공주로 내세워 선우의 황후로 시집을 보낼 때 수행하였던 환관이다. 그는 이후 선우에게 충성을 맹세하고, 그에게 한에 대항하는 방책을 진언하였다. 중행설은 한에서 온 사절들과 다음과 대화를 나누었다.

한의 사절 흉노 풍속에서는 노인을 공경하지 않는군.
설 그러나 한의 풍속에서도 원정을 떠나는 사람을 위해 늙은 부모는 몸소 따뜻한 옷과 맛있는 음식을 주어 보내지 않는가?
한의 사절 그렇다.
설 흉노는 확실히 전쟁을 업으로 삼고 있는데 노약자는 싸울 수가 없다. 때문에 음식을 건장한 사람에게 먹이니 이는 스스로를 지키기 위해서다. 이렇게 해서 가족이 모두 무사할 수 있으니 어찌 흉노가 노인을 멸시한다고할 수 있겠는가?
한의 사절 흉노는 아버지와 아들이 같은 텐트에서 잠을 잔다. 부모가 죽으면 후처를 취하고, 형제가 죽어도 형제의 부인을 맞이한다. 관冠이나 대帶 같은 장식도 하지 않고, 궁정의례도 없지 않은가?

설　흉노의 풍속에서는 사람은 가축고기를 먹고 젖을 마시며 그 가죽을 입는다. 가축이 풀을 먹고 물을 마셔야 하므로 때에 따라 이동한다. 때문에 전시에 사람은 말 타기와 활 쏘기를 익히지만 평시에는 일이 없이 즐긴다. 흉노는 규모가 작으므로 실행하기 쉽다. 군신간의 관계도 단순하고 한 나라의 정치도 한 몸을 다스리는 것과 같다. 부모와 자식, 형제가 죽었을 때 부인을 처로 맞이하는 것은 핏줄이 끊어지는 것을 피하기 위해서다. 때문에 흉노는 나라가 어지러워도 반드시 뒤를 이을 자손을 갖게 된다. 지금 중국에서는 부형의 처를 취하지 않는다는 근사한 모양새를 취하고 있지만 친족 간에는 서로 소원하여 죽이는 일까지 있지 않은가? 왕조교체기에는 다 그러지 않은가? 또한 예의가 번잡하고 위아래 사람들이 서로 불평을 하며, 사는 집이 지나치게 커 꾸미는 데 힘을 들이고 있다. 농사와 양잠을 해서 의복을 얻고, 성곽 쌓을 준비를 하느라 전시에도 전투를 익히지 못하고 평시에는 작업으로 피곤하다. 아!! 흙집[土室]에 사는 그대들이여!! 말만 잘하는 것은 그만두시오. 말 잘 하고 훌륭한 의복을 입고 머리에 관을 쓴다고 한들 무엇이 도움이 되겠는가?

중행설이라는 인물이 정말 이런 말을 하였는지는 의문이지만, 당시 중국에도 스스로 화이사상에 대해 자기비판적인 시각을 가진 사람들이 있었던 것을 알 수 있다. 흉노 같은 유목민족은 '뒤떨어진', '야만인'들이 아니라 그들에게는 그들 나름의 윤리가 있었다.

장건이나 소무蘇武[5]처럼 오랫동안 흉노에 억류되었지만 한에 계속 충성을 지킨 사람이 있는가 하면 포로가 되거나 약탈된 사람들 혹은 스스로 흉노의 지배 하로 들어간 한인들 중에는 흉노 사회에

5　무제시대의 인물. 흉노와의 화의 사절로 파견되었다가 흉노에 억류되어 기아와 추위로 고생하였지만 19년간 절개를 굽히지 않다가 결국 한으로 다시 돌아왔다.

동화된 사람들도 많았을 것이다. 최근에는 한인 농민이 흉노의 지배 하에서 농사에 종사한 것으로 보이는 집락의 유적도 발굴되고 있다.[6]

무제의 시대

무제武帝의 시대는 내정도 대외관계도 적극적 확장정책이 실시된 시대였다.

고조 유방이 한을 건국하였을 때, 진나라 때 강력한 군현제를 시행하였다가 반발을 샀던 예를 거울 삼아 '봉건'의 요소를 섞은 '군국郡國'제를 채용하였다. 군국제는 군현제로 직접 통치하는 부분을 남겨두고 영토의 상당 부분은 공신과 일족에게 봉토로 나누어 주어 세습케 하는 제도였다. 그러나 군국제로 봉토를 나누어 받은 '왕王'과 '후侯'가 독립국처럼 세력을 떨치는 상황이 나타났다. 제6대 혜왕惠王의 삭번책削藩策(왕국령 삭감책)에 반대하여 일어난 '오초칠국吳楚七國의 난'(기원전 154년)이 진압되고 뒤를 이은 무제도 제후왕의 세력을 삭감하는 데 힘을 쏟았다. 즉, 영토를 분할해서 상속할 수 있도록 하여 영세화를 꾀하고(추은령推恩令), 황금의 헌상액이 규정에 미치지 못하면 영지를 몰수하거나 삭감하는(주금률酎金律) 등의 정책을 폈다. 그러한 정책의 결과, 제후왕의 세력은 약화되어 갔다.

국내에서 '군국'제라는 명칭과 표리관계를 이루어 군국제로 보이

6_ 몽골 고원 북부의 이볼가Ivolga 유적에서 한대의 중국 회도灰陶와 똑같은 토기와 중국 것과 유사한 철제 농구가 출토되었고 한자가 새겨진 숫돌도 발견되었다.

는 봉건의 이념은 오히려 대외관에서 다져나가게 된다. 한 초기에는 원난雲南 '서남이西南夷'의 전滇을 '전왕'으로, 광둥의 조씨趙氏 정권은 '남월왕南越王'으로 봉했다. 이것은 한의 지배가 미치지 않는 지역의 수장을 명목적인 수장으로 임명해 작위·관위를 수여하고 그들의 통치영역을 승인하는 봉건적 지배양식에 토대를 둔 것이었다. 이러한 봉건적 '책봉'제도가 그 후 대외관계에서 종종 채용되었다. 후한시대에 조공을 했던 일본의 노국奴國이 '한위노국왕漢委奴國王'이라는 글자가 새겨진 도장[7]을 받은 것도 그 예일 것이다.

무제는 대외관계에서 당시까지의 소극책을 버리고 대군을 동원하여 북방의 흉노세력을 격파하는 외에 대흉노작전의 일환으로 서역으로의 진출을 꾀하고 하서회랑에 둔황敦煌을 비롯한 4군四郡을 두어 타림 분지의 오아시스를 지배 하에 두었다. 또한 남방에서는 남월을 멸망시키고 지금의 티베트에 이르는 곳에 9군을 두었다. 동방에서는 조선에 낙랑군 등 4군을 설치하였다. 이렇게 보면 무제시대의 대외진출법은 책봉체제 방식이 아니라 점령지에 군郡을 설치해서 직접 통치하려는 식민지형 특색을 가지고 있음을 알 수 있다.

이러한 적극적인 대외진출을 위해서 재정수입을 증대시킬 필요가 있었다. 무제는 먼저 소금과 철을 전매하여 이것들을 국가가 독점 판매하는 체제를 만들었다. 또한 균수법均輸法과 평준법平準法

7_ 이 금인金印은 에도 시대에 후쿠오카 현 시가노시마志賀島에서 발견되었다. 중국의 사서 『후한서』에는 "건무중원建武中元 2년(57) 왜의 노국奴國에서 공물을 가지고 조공하러 왔다. (노국은) 왜국의 남단에 있다. 광무제는 그 사절에게 인수印綬(수는 인을 내리기 위한 끈)를 하사했다"고 기록되어 있다. 발견된 금인은 광무제가 사여한 것이라고 생각된다.

에 의해 정부가 필요로 하는 물건을 상인의 손을 거치지 않고 조달하고, 시장에 개입하여 물가의 안정을 도모하였다. 이러한 정책을 위해서 재정에 밝은 실무 관료를 중시하였다. 그런데 이 경제정책에 대해서는 당시에도 강렬한 비판이 있었다. 이 정책을 둘러싼 논의를 기록한 『염철론鹽鐵論』에는 무제의 정책을 지지하는 실무 관료와 민간 호족과 상인의 입장을 대변하는 학자들과의 의견대립이 생생하게 묘사되어 있다.

이와 같은 무제의 적극정책은 한제국의 영토를 넓혔지만 재정난과 함께 황제에게 과도하게 권력이 집중되는 문제를 낳았다. 무제가 죽은 후 궁정에서는 외척과 환관의 정치개입이 성행하는 당쟁黨爭이 끊이지 않았고, 지방에서는 고관과 대상인이 토지와 노비를 사들여 세력을 강화시켜 갔다. 그러한 상황에서 외척인 왕망王莽이 세력을 키워 결국 황제 자리를 침탈하고 신新(8~23) 왕조를 세웠다.

후한의 정치

왕망의 정치는 유가 고전의 하나인 『주례周禮』[8]에 근거하여 개혁을 단행하고자 한 복고적인 것으로, 호족과 상인을 눌러 국가 통제력을 회복시키는 데 주안점을 두었다. 그는 천하의 토지는 '왕전王田'

8_ 주대의 여러 제도가 정연하게 잘 정리되어 있는데, 실제 주대의 제도는 아니고 후대의 학자들이 창작한 것이다. 그러나 주례에 기록되어 있는 이념적인 여러 제도는 후대 사람들이 정치개혁을 단행할 때 종종 이용되었다. 일반적으로 유교사상은 부드러운 덕화德化를 중히 여겨서 국가의 힘으로 급진적인 개혁을 실시하는 것에 대해서는 부정적인 견해가 강하다. 그러한 가운데 『주례』는 급진적인 개혁을 지지하는 모델로 되고 있는 데 특색이 있다.

이라 하여 사적인 매매를 금지하고, 대토지소유자의 토지소유제를 제한하고 노비매매를 금지하였다. 또한 시장을 관리하고 물가를 조절하는 등 적극적으로 시장에 개입하는 방책을 취했다. 흉노에 대해서도 외정을 단행하였지만, 실패하여 도리어 흉노 세력이 융성해지는 계기가 되었다.

전한 말부터 계속된 기아와 왕망의 가혹한 정책으로 각지에서는 호족과 민중에 의한 반란이 일어나 신나라는 15년 만에 붕괴되고, 한 왕실의 피를 이은 호족 유수劉秀가 한을 재건하였다(후한 : 25~220). 후한의 정치는 무제의 정치방침과는 달리 대외발전에 소극적이었고, 민간의 사회경제에 개입하여 대상인과 호족을 억압하는 정책도 취하지 않았다. 호족은 토지집적과 상업활동으로 부를 쌓고 유교적 교양을 갖추어 관계官界에 진출하였다.

후한 호족의 이 같은 움직임은 전한 이래의 정치유교화 동향과도 관련이 있다. 진의 정치는 법가적 사상을 기반으로 하고, 유교적 '봉건'사상을 배제하며 황제 전제권력의 강화를 추구하였다. 이러한 경향은 한왕조 전기에도 계속되었다. 그러나 황제의 권력을 안정시키기 위해서는 단순한 실력만이 아닌 황제권력을 정당화시킬 논리가 필요하였다. 그 논리로 사용된 것이 유교의 천명관天命觀이었다.[9] 천은 덕이 있는 사람에게 천명을 주어 천하를 통치하게 한다는 것으로, 만약 악정惡政을 행하면 천명이 악화되고 다른 성姓

9　전한 무제시대의 인물인 동중서董仲舒는 천재지변은 악정에 대한 하늘의 질책이라는 설을 주창하며 황제권력을 지탱하는 것은 천명이라고 설명하였다. 종래의 학설에서는 이 시기의 유교가 국가의 정통적인 학문이었다고 보았으나, 최근 연구에서는 그 시기가 더욱 늦어져 전한 말이나 왕망의 시대로 보고 있다.

을 가진 사람에게 천이 넘어가므로(역성혁명易姓革命) 왕조교체로 이어지게 된다는 것이다. 황제의 권력은 천명에 의해 정당화되지만 그렇다고 해서 황제가 자신의 의지로 밀고 나가서는 안 되며, 하늘이 명한 자연질서에 따라 정치를 해야 한다는 것이다. 그러므로 민간의 호족세력과 주변 여러 민족세력에 대해 강제적으로 개입을 하는 것이 아니라, 덕화를 취지로 하려는 이러한 움직임 때문에 나라 안팎에서는 방임적인 정책이 나타났다.

그 결과 후한 전기에는 큰 반란과 대외전쟁이 없고, 정치는 비교적 안정되었다. 그러나 2세기에 들어서면서 북방에서는 흉노를 대신하여 선비鮮卑·오환烏桓·정령丁零 등 여러 민족이 세력을 키워나갔다. 또한 중앙에서는 환관·외척의 격렬한 싸움이 계속되고, 지방의 명사인 유가적 관료를 대량으로 탄압하는 사건(당고黨錮의 금禁)도 발생하여 사회불안을 초래하였다. 184년 종교집단의 지도자가 일으킨 황건黃巾의 난을 기회로 중국은 동란의 시대를 맞이하게 되었다.

B.C.	
1700경	은殷(상商) 왕조 시작되다.
1070경	주周 왕조 시작되다.
770	주가 호경鎬京에서 뤄양洛陽으로 천도(동주東周, 춘추시대 시작되다).
679	제齊나라 환공桓公이 처음 패자가 되다.
551	공자 태어나다.
403	전국시대로 들어서다.
359	진秦의 상앙商鞅, 제1차 개혁을 실시하다.
221	진왕 정政(시황제)이 천하를 통일하고(진왕조) 군현제를 실시하다.
214	만리장성의 건설을 시작하다.
213	분서焚書를 명령하고, 다음 해 갱유坑儒를 일으키다.
209	진승과 오광이 거병하고, 유방과 항우 등도 반란을 일으키다.
	이 무렵 흉노에서 모돈선우冒頓單于가 즉위하다.
207	진나라가 멸망하다.
202	항우가 패하여 죽고, 유방이 제위에 올라 장안長安에 도읍하다(한왕조).
195	한 고조 유방이 죽고, 여후呂后의 전제가 시작되다(~기원전 180).
154	오초7국의 반란이 평정되다.
140	한 무제가 장건을 서역으로 파견하다.
129	장군 위청衛青이 흉노를 토벌하다(제1차).
127	한에서 추은령推恩令을 발포하다.
119	염철을 전매제로 하고, 오수전을 제정하다.
108	한반도에 한4군을 설치하다.
106	처음으로 주자사州刺史를 두다.
A.D.	
8	왕망이 황제가 되어 국호를 신新이라 정하다.
18	적미赤眉의 난이 일어나다.
25	유수劉秀(광무제)가 즉위하여 후한 왕조가 시작되다.
57	후한, 조공을 온 흉노를 책봉하다.
68	이 무렵 불교가 중국에 전래되다.
73	명제明帝가 반초班超를 서역에 파견하다.
184	황건의 난이 일어나다.

제4장 / 분열과 다원화

중국의 분열과 북방민족의 진출

유라시아 대륙의 초원지대에서는 4세기부터 5세기에 걸쳐 유목민이 대규모로 이동하기 시작하여 남방 농업사회가 크게 요동하였다. 유럽 게르만족의 대이동으로 인한 서로마제국의 멸망과 후한이 멸망한 후 주변 민족의 화북진출 등은 모두 이러한 움직임과 관련된다고 볼 수 있다.

황건의 난 후, 중국에서는 군벌의 항쟁시대가 되었다. 화북에서 세력을 일으킨 조조曹操의 아들 조비曹丕가 후한 헌제獻帝로부터 선양[1]을 받아 위魏를 건국하였다. 그러자 양쯔 강 하류에서는 손권孫權이 오吳를 세웠고, 쓰촨四川에서는 유비劉備가 촉蜀을 세워 3국이 정립

1_ 선양禪讓이란 왕조교체(혁명) 때 황제의 자리를 무력으로 탈취[이를 방벌放伐이라고 한다]하지 않고, 전왕조의 황제가 스스로 제위를 양보하는 형식을 말한다. 요堯와 순舜 등 중국 고대의 성왕聖王이 선양을 했다는 전설이 전해지고 있으나, 실제로 이루어진 것은 신新나라 왕망王莽 때가 처음이었고, 그 후 위진남북조시대에 자주 실시되었다. 물론 자진해서 제위를 넘겨주었다기보다는 실제로는 강제적인 이양이었다.

하는 형상이 되었다. 3국 중에서도 원래 강대하였던 위는 촉을
멸망시켰지만, 곧 위의 장군 사마염司馬炎(무제武帝)이 황제로부터
선양을 받아 진晉(265~316)을 세우고 오를 물리쳐 중국을 통일하
였다.

　무제는 일족을 왕에 봉하였는데, 무제 사후에 이 왕들 사이에
싸움이 일어났고(팔왕八王의 난), 그 내란에서 병력으로 활동한 유
목 민족들이 세력을 신장하여 각지에서 봉기하였다. 이들 여러
민족은 당시 '5호五胡(흉노·선비·강羌·저氐·갈羯)'로 총칭되었다. 기

마 기술을 갖춘 삼국시대로부터 병사로 쓰였다. 산시山西에서 거병한 흉노 유씨劉氏가 진晉의 수도 뤄양洛陽을 점령하자, 진의 황족이 강남으로 도망가 건강建康(현재의 난징)에서 즉위하였다(동진東晉). 그 후 화북에서는 약 백 년에 걸쳐 5호 민족들을 중심으로 하는 많은 작은 국가들이 흥망하였다. 이를 총칭하여 '5호16국'이라 한다.

5세기 전반에는 선비족 탁발拓拔 씨가 세운 북위(386~534)의 태무제太武帝가 화북을 통일하였다. 북위北魏가 동서로 분열된 후, 동위는 북제北齊에게, 서위는 북주北周에게 멸망 당하고, 북제는 북주에 병합되었다. 북위 이후의 다섯 왕조를 북조北朝라고 한다. 한편, 강남에서는 동진의 무장이었던 유유劉裕가 실권을 잡고 동진 황실의 선양을 받아 송宋을 세웠다. 그 후 강남에서는 송·제齊·양梁·진陳의 4왕조가 흥망하였다. 이 4왕조를 통칭해 남조라 부른다. 남북양조의 대립은 약 150년간 계속되었다.

그러는 동안 북방에서는 유목민의 전통과 농경민의 전통이 융합되어 새로운 문화와 정치제도가 만들어졌다. 강남에서도 남하한 한인들에 의해 농경지 개발이 이루어지고, 선주 민족과의 융합도 진행되었다. 또한 한반도와 일본 등 주변 국가들 가운데서 국가통일이 진행되어 중국의 여러 왕조와 활발한 교류가 시작되었다.

호한胡漢의 융합

북위[2]의 초대 황제인 도무제道武帝(탁발규拓跋珪)는 평성平城(지금의

---

2 북위의 발상지는 원래 다싱안링大興安嶺 북부, 현재의 헤이룽장성의 서북부로 황제의 선조가 살았다는 동굴이 지금도 남아 있다. 그 후 차츰 남하하여 진晉대에는

산시성山西省 다퉁大同)에 나라를 건국한 후, 여러 부족장의 부민部民에 대한 지배권을 삭감하고 황제 지배권을 강화하는 개혁을 단행해 선비의 여러 부족을 8개의 부部로 재편했다. 이들 부는 북위군의 중핵으로 이후 화북통일을 이루어 갔다.

북위는 한인관료를 채용하여 중국식 관제를 정비하였다. 또한 동지에 하늘에 제사하고 하지에는 땅을 기리는 중국식 제사를 지내는 등 중국왕조를 배워 개혁을 진행하였다. 그러나 이러한 개혁은 직접적으로 선비의 한화漢化를 의미하는 것은 아니었다. 중국식 행정제도(외조外朝) 외에도 선비족만이 임용되는 내조內朝로 불리는 기구가 있어서 외조를 감독하였다. 또한 중국식 제사와 함께 4월에는 서쪽 교외에서 하늘에 제사를 지내 유목민의 전통적인 의례를 행하였다. 북위 전기의 선비는 선비 말을 하고 호복胡服을 비롯한 북방민족의 풍속과 습관을 계속 지켜나가면서 중국식 관료제도를 받아들여 집권화를 진행하여 갔다.

그러한 체제가 크게 전환하게 된 것은 효문제孝文帝(재위 471~499) 시대에 와서였다. 중원에 들어와 100년 가까운 세월을 지낸 그들은 선비족들끼리도 자신들의 언어인 선비 말이 서로 통하지 않게 되었다. 또한, 황제의 일족인 탁발 부를 중심으로 한 결집력도 이완되어 갔다. 이러한 상황에서 그들은 선비식 제도의 폐지를 단행하고 중국식 제도를 전면적으로 실행하였다. 그들은 평성平城에서 뤄양으로 천도함과 동시에 서교西郊의 제천의례를 폐지하고 내조를 해체하였으며 호족 복장과 조정에서 선비 말 사용을 금지하였다.

현재의 내몽골에서 산시山西의 영토를 획득했다.

또 황제의 성씨인 탁발 씨를 원씨元氏로 바꾸는 등 호족의 성씨를 중국식인 한 글자로 바꾸는 대개혁을 단행하였다. 그리고 선비의 여러 부족 중에서 귀족 가문을 정하여 한인 귀족과 혼인을 진행시키는 등 호한의 융합을 도모하였다.

그러한 급격한 한화정책은 개혁 과정에서 불리한 입장에 몰린 군인들의 반란[3]을 불러와 북위는 동서로 분열되었다.

효문제의 개혁은 확실히 '한화'라는 용어로 표현될 수 있을 것이다. 다만, 그것을 단순히 '문화적으로 뒤처진 이적夷狄이 중화문명에 동화되었다'는 관점에서만 이해할 수 는 없을 것이다. 다민족적인 국가를 유지해 가고자 노력하는 가운데 중국식 제도와 풍속을 선택하였을 때, 그 목표는 한족문화 현상을 단순하게 추종해서 좇는 것은 아니었다. 오히려 중화문명에 포함되어 있던 보편주의적인 '천하'의 이념이 순화되어 채용되었다고 말할 수 있다.

예를 들면, 북위의 도성인 평성平城과 뤄양洛陽 지역은 그 후 수나라와 당나라의 장안성長安城으로 이어지면서 정연한 도시계획의 선구가 되었다. 그런데 이처럼 중국 고대의 고전적인 이상도시 모델의 하나인 대규모 도시계획이 왜 비한족에 의해 처음 실시된 것일까? 당시 도시에 발을 들여놓았던 사람들은 그 곳에서 특정한 민족의 생활문화의 체취를 느꼈다기보다는 오히려 각각의 민족문화를 초월한 보편적·우주적인 이념을 느꼈을 것이다. 그것은 한족의 도시라기보다는 천하의 다양한 종교·문화를 향해 열린 도시였다. 실제로 북위에서 수·당에 이르기까지 이 도성들은 다언어·다문화

3_ 평성平城 북방에 설치된 6개 군사거점의 군인들이 일으킨 반란으로 '6진鎭의 난'이라 한다.

도시였고 이 곳에 거주하는 사람들 역시 유목민과 농경민을 포함한 다양한 종족으로 구성되어 있었다.[4]

『진서晉書』에는 흉노 유연劉淵이 "제왕帝王의 출신에 정해진 바는 없다. 대우大禹는 서융西戎에서 나왔고, 문왕文王은 동이東夷에서 나왔다.[5] 다만 덕에 따라 결정될 뿐이다"라고 한 말이 실려 있다. 이 말은 덕이 있는 자가 제왕이 된다는 유교적 사고방식이면서, '덕'이라는 것이 한인에게 독점되는 것이 아니라, 이민족이라도 유력자라면 중화의 주인이 될 수 있다는 것이다. 이러한 생각은 북방민족이 중국을 지배할 때 종종 나타나며, 종족관념으로 국한된 협의의 중화사상을 깨려는 지향성을 지니고 있다.

화북에서 흥망한 북방민족 정권은 불교를 중시하여 평성의 서쪽 교외인 윈강雲崗 등에 대규모 석굴사원을 만들었다.[6] 이것도 또한 종족을 넘어선 세계종교로서 불교에 대한 관심에 기초한 것이라고 할 수 있을 것이다. 불교뿐 아니라 도교도 체계화되어 북위의 도사道士 구겸지寇謙之처럼 황제의 신임을 받은 사람도 나왔다. 도교의 세력이 강할 때는 불교에 대한 탄압도 있었다.

5호16국으로부터 남북조 시대에는 다양한 종교가 꽃을 피워 '종교의 시대'로도 불린다. 계속되는 동란 속에서 불안해진 사람들은

4　세오 다쓰히코妹尾達彦는 "이러한 계획도시는 유목민의 정치적 조직력과 화북의 전통문화가 융합된 결과다"라고 말하고 있다.

5　대우大禹란 하왕조를 세웠다고 하는 우禹(제2장 〈황허 문명과 초기 왕조〉 참고)를 가리키며, 문왕은 주왕조의 창시자다. 모두 훌륭한 덕을 갖춘 군주로 보고 있다.

6　강남에도 불교는 전파되었으나 석굴사원이 만들어진 것은 화북만의 특징이다. 둔황의 막고굴은 벽화와 인물모형(소상塑像)으로 유명하고, 윈강雲崗과 룽먼龍門(뤄양 부근)은 석불과 석조가 이름 높다.

영혼의 휴식처를 구하게 되었을 뿐 아니라, 화북 정권이 종교와 연결하여 스스로 정당성을 모색해 나간 때문이기도 할 것이다. 중화 관념은 불교 같은 외래종교가 정권과 연결되면서 보다 보편화되어 갔다고도 할 수 있다. 이렇게 만들어진 중화 관념은 한대 이전과는 다른 새로운 것으로서 수·당 시대의 동아시아 세계질서를 유지해 가게 된다.

육조정권六朝政權과 강남개발

오·동진·송·제·양·진으로 이어진 양쯔 강 이남의 왕조들은 모두 건강建康을 수도로 삼았는데, 이들을 합쳐서 육조라고 부른다. 5호 16국 시대에 화북이 혼란해지면서 많은 인구가 중원에서 주변부로 이동하였다. 그 중에서도 황허 하류에서 화이수이 강淮水, 양쯔 강 하류 유역 쪽으로 이동한 규모가 가장 컸다. 북방에서 이동해 온 사람들에게는 강남 토박이들의 '황적黃籍' 대신 '백적白籍'이라는 임시호적을 부여하여 본적으로의 귀환이 쉬워질 수 있도록 배려해 주었다. 그러나 남조에서는 종종 '토단土斷'법을 시행하여 북인과 남인과의 호적 구별을 없애거나, 북인과 남인이 같은 조세를 부담하도록 명하였다. 이러한 방식을 통해 북방에서 온 이주민들은 강남에 토착화되어 갔다.

이들 이주민과 토착 호족에 의해 강남 개발이 진행되었다. 당시 강남은 중원에서 보면 궁벽한 오지였다. 산지에는 '산월山越'이라는 선주민족이 살고 있었다. 춘추전국시대에 이 지역에 나라를 세운 '월'족은 '문신단발'(문신을 하고 머리를 자름)로 불린 데서 알 수 있듯이 중원과는 다른 풍속을 가진 민족이었다. 이 지역은 진·한 왕조가 들어선 후에도 문화적 고유성이 사라지지 않았고, 오나라 등의 남조정권에 대해 종종 반란을 일으키기도 하였다. 남조사회는 아직 개발도상에 있는 변경이라는 측면이 있었다. 그러나 육조 이후에는 이러한 선주민족과 한족과의 융합이 차츰 진행되어 갔다. 오늘날 중국 동남지역에 사는 사람들은 거의 모두가 스스로를 '한족'으로 간주하고 있지만, 그들에게는 북방 표준어와는 상당히 다른 여러 방언이 분포되어 있다.[7] 현재의 방언은 한대에 '조어鳥語'(새의 지저귐과도 같은 의미를 알 수 없는 언어)라고 불린 이들 선주민족의 언어와 중국 한어가 오랜 기간에 걸쳐 융합된 결과이다. 북방에서 호한胡漢이 융합되어 가던 시기에 강남에서도 또 다른 형태의 융합이 진행되고 있었던 것이다.

북방민족이 세운 북조정권에 대해 남조는 '색로索虜' 등이라고 부르며 이적시하였고, 북조에서도 남조를 '도이島夷'라고 경멸하였다. 남북조시대는 남북의 양쪽 정권이 다민족의 융합이라는 과제를 껴안은 채로 정통성을 겨루던 시대였다. 그러한 가운데 수당시대로 이어지는 새로운 '중화'가 탄생되었다.

위진남북조의 책봉관계

3세기 초, 후한이 멸망하고 수나라가 재통일(589)하기까지의 분열시대는 중국 내부의 혼란에도 불구하고 주변 여러 나라와 다양한

7_ 상하이 어上海語, 푸지엔 어福建語, 광둥 어廣東語 등은 어휘와 발음체계가 모두 베이징의 중국어와 크게 달라 단순한 지방사투리로 볼 수 없다.

남조의 양에 조공 온 사신을 묘사한 그림 중 일부로 백제사절 부분이다(「양직공도梁職貢圖」).

관계를 만들어 나갔다. 많은 나라가 중국왕조에 공물을 바치고 신하로서 종속하는臣從 의례를 행하고(조공[8]), 중국 측에서도 답례로서 물건을 보내는 동시에 관작을 주고 책봉하였다.

당시 국가들 사이에 조공관계가 매우 많아진 이유 중 하나는 한왕조와 접촉한 주변지역, 특히 한반도와 일본 등 동이제국東夷諸國에서 국가 형성의 움직임이 나타나게 되었기 때문이다. 신흥 국가의 입장에서는 중국왕조로부터 승인을 받는 것이 자신의 정통성을 주장하고, 주변 여러 나라들과의 관계에서 우위에 서는 데 중요한 요소가 되었다. 한편, 경쟁하고 있는 중국의 남북조 두 왕조에게도 주변 국가와 책봉관계를 맺는 것은 항쟁상대를 제어한다는 전략적인 의미도 있었다. 주변 국가가 천자의 덕을 흠모해서 조공하러 온다는 화이사상의 원칙과는 달리, 실제로 조공·책봉 관계는 엄격한 권력정치 속에서 연결되어 있었다.

왜倭(일본[9])는 위나라 때 히미코卑彌呼 여왕이 조공하여 '친위왜왕

8_ 조공이라 할 경우, 좁은 의미로는 사절이 황제에 대해 행하는 의례를 말하지만 넓은 의미로는 조공사절이 동반하고 온 상인들이 행하는 무역도 조공무역이라고 부른다.

9_ 당시 일본은 왜倭로 불렸다. '일본'이라는 국명은 수나라에 견수사遣隋使를 파견하였을 때 처음 사용된 것이다.

親魏倭王'이란 칭호를 받았고, 5세기에는 남조에 5명의 왜왕이 조공하여 각각 칭호를 받았다. 한반도에서도 전한 말에 국가를 형성한 고구려가 313년 낙랑과 대방의 2군을 물리치고 반도의 북부를 차지하였다. 4세기 말에서 5세기 초의 광개토왕 시대에 영토를 확장한 고구려는 다음 장수왕 시대에 중국 남북조 왕조에 조공하여 각각 책봉을 받았다. 백제는 왜와 마찬가지로 남조와만 조공책봉 관계를 맺었다. 신라는 6세기 중반에 한반도 남부를 차지하였고 남북조와의 교섭도 6세기에 시작하였다. 당시 책봉을 받은 것은 일본과 한국 등 동방의 국가들이 많았으나 서역의 한인왕조漢人王朝였던 고창국高昌國도 있었다.

이 시기 책봉의 특징은 한대가 왕호王號만을 부여한 것과는 달리 '사지절도독왜使持節都督倭·백제百濟·신라新羅·임나任那·가야加羅·진한辰韓·마한칠국제군사馬韓七國諸軍事·안동대장군安東大將軍·개부의동삼사開府儀同三司·왜국왕倭國王'(송에 대한 왜왕 무武의 자칭)처럼 다른 지역에 대한 군사적 지배권까지 들어가 있는 아주 긴 관작명이 사용되고 있었다. 당시 송은 왜왕 무가 요구한 관작 가운데 '백제'와 '개부의동삼사'를 제외한 관작을 수여하였으니,[10] 이러한 책봉은 중국과 주변 국가간의 양국 관계뿐 아니라 동아시아 전체 국제질서와도 관련되는 문제였음을 알 수 있다.

10_ 백제도 송의 조공국이었기 때문에 송으로서는 백제에 대한 왜의 지배를 인정할 수 없었다.

동아시아 세계론

니시지마 사다오西嶋定生[11]는 일찍이 중국·조선·일본 등 동아시아 국가들의 역사는 개별적으로 취급할 것이 아니라 동아시아 세계 속에서 그 의미를 부여하고 다루어야 한다고 제창하였는데, 이후 많은 사람들이 이 견해를 받아들였다. 위진남북조 시대의 동아시아의 움직임은 그러한 견해가 유효하다는 것을 증명해주는 가장 적절한 사례의 하나일 것이다.

'동아시아 세계'라는 말은 물론 다양하게 사용되고 있다. 국가간의 관계로서 책봉체제를 통한 문화의 전파를 중시하는 견해가 있는가 하면, 14~16세기의 왜구처럼 국가의 틀을 넘는 민중의 움직임에 주목하는 견해도 있다. 또한 무역 네트워크라는 것에 중점을 두는 견해도 있는가 하면, 동아시아를 무대로 한 여러 세력의 권력정치에 초점을 맞춘 견해도 있다.

이 장에서 서술한 책봉관계는 동아시아 국제관계에 질서를 부여한 시스템으로서 의미가 있지만 사실 이것은 단면에 지나지 않는다. 일본을 예로 들면, 조공을 하고 책봉을 받은 시대는 히미코와 왜의 오왕五王 시대(중국 위진남북조 시대)와 무로마치 시대室町時代(중국 명대)를 들 수 있다. 하지만 일본이 중국의 제도와 문화를 가장 적극적으로 받아들인 견수사遣隋使, 견당사遣唐使의 시대는 조공은 하였지만 책봉은 받지 않았다. 가마쿠라 시대와 에도 시대처

11_ 1919~1998년. 중국고대사 연구자. 일본 도쿄 대학 교수. 동아시아 여러 지역 문화의 공통성과 역사의 연관성에 관해서는 이미 1945년 이전부터 지적하고 있었다. 그는 동아시아 여러 지역을 완결된 문화권(동아시아 세계)으로 만들어준 기초로서 중국을 중심으로 하는 조공·책봉관계의 정치구도가 존재하였음을 강조하였다.

220	조조의 아들 조비, 위를 세우고 후한을 쓰러뜨리다.
221	유비, 촉을 세우다.
222	손권, 오를 세우다. '삼국시대'
239	히미코, 처음 견위사遣魏使를 보내다.
265	위의 권신 사마 씨의 일족인 사마염司馬炎이 진晉 왕조를 일으키고, 263년에 멸망한 촉, 280년에 멸망한 오를 아울러 천하를 통일하다.
268	진, 태시율령泰始律令을 공포하다.
280	서진, 점전·과전법을 시행하다.
300	진에서 팔왕의 난이 일어나다(~306).
304	흉노인 유연, 산시山西에서 한漢(후의 전조前趙 : ~329)을 일으키다. 5호16국 (~439) 시대가 시작되다.
310	서역승 불도징佛圖澄, 뤄양에 오다.
313	고구려, 낙랑군을 멸하다.
316	한(전조)의 유요劉曜, 서진을 멸하다(영가永嘉의 난).
317	서진의 일족인 사마예司馬睿, 건강建康(난징)으로 천도하여 '동진' 왕조를 세우다.
386	선비족의 탁발규(도무제)가 북위 왕조를 세우다. 북조가 시작되다.
399	법현法顯 스님, 인도로 구법여행을 떠나다.
401	후진後秦의 장안長安에 온 구자龜兹 승려 구마라습鳩摩羅什, 불경 번역을 시작하다.
413	동진에서 토단법을 시행하다.
420	동진이 망하고 유유劉裕(무제)가 송 왕조를 열다(남조 : 송·제·양·진).
439	북위, 양쯔 강 이북을 통일하다.
460	북위의 다퉁大同에서 윈강 석굴사원을 조영하기 시작하다.
478	왜 무왕倭武王, 송과 통교하다.
485	북위에서 균전법을 발포하다.
494	북위, 뤄양으로 천도하다.
494	북위에서 룽먼 석굴사원을 조영하기 시작하다.
524	북위에서 6진의 난이 일어나다.
550	이 무렵 서위에서 부병제를 실시하다.
552	몽골 고원의 돌궐이 처음 통일을 달성하다.
581	서위의 대장군 아들로 북주北周 수왕隋王인 양견楊堅(문제)이 수 왕조를 세우다.
589	문제, 남조의 진왕조를 멸하고 천하를 통일하다.

럼 조공관계도 책봉관계도 없던 시대도 있었다. 그러나 이 때에도 무역과 사람들의 이동을 통한 경제·문화 교류는 존재하였다.

제5장 / 수·당제국과 동아시아

수·당제국의 성립

북위의 지나친 한화정책은 군인들의 반란을 불러와 북위는 동·서로 분열되었다. 수왕조를 열었던 양씨楊氏, 당왕조를 열었던 이씨李氏는 모두 서위(이후의 북주)의 지배층 군사집단에 속했다. 양씨와 이씨는 한인 명문귀족 출신이라고 하지만, 북위 이후의 군사집단은 한인이 선비 등의 북방민족과 융합되었기 때문에 북방민족의 영향을 강하게 받은 사람들이었다고 할 수 있다.

양견楊堅(문제文帝)은 581년에 북주의 황제로부터 선양을 받아 수나라를 세우고 장안에 새로운 수도를 건설하였다(대흥성大興城). 수도는 북위의 도성과 마찬가지로 정사각형으로 구획된 구조였다. 당의 장안성 역시 이 대흥성을 거의 그대로 이어받았다. 문제는 계속하여 남조의 진陳도 멸망시키고 서진西晉 이후 270년 만에 중국을 통일하였다.

수의 과제는 오랜 동안 분열되어 있던 남북을 통일하고 집권적인 지배를 수립하는 것이었다. 관제의 정비와 과거의 도입, 대운하의

계획도시의 계보

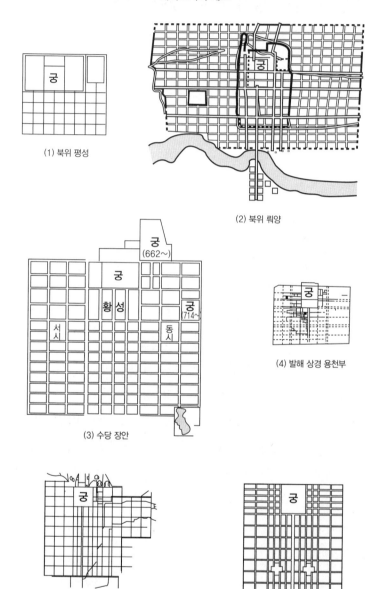

(1) 북위 평성

(2) 북위 뤄양

궁
(662~)

궁

황 성

궁
(714~

서
시

동
시

(3) 수당 장안

궁

(4) 발해 상경 용천부

궁

(5) 일본 헤이조쿄

궁

(6) 일본 헤이안쿄

개착은 이러한 목적을 위한 정책들이었다. 문제는 지방관제를 간소화함과 동시에 종래 상급지방관이 가지고 있던 속료屬僚 채용권을 폐지하고 지방관임명권을 중앙에서 회수하였다. 또한 인원을 확보하기 위해 과거제도를 채용하고 시험을 통해 관료를 등용하기 시작하였다.[1] 뒤이은 양제煬帝 시기에 지금의 베이징 근처에서 항저우 만에 이르는 대운하를 건설하기 시작하였다. 이에 따라 장안에서도 황허를 통해 강남에 이를 수 있게 되었다.

그러나 양제 시대의 대토목공사에 따른 부담과 고구려 원정의 실패로 각지에서 반란이 일어나, 수가 쓰러지고 이연李淵(고조)이 당을 건국하였다. 당의 판도는 고조에 이어 태종·고종의 시대에 최대에 달했다.

당대의 제도

당대에는 이후 역대왕조에 의해 채용되고 동아시아 여러 나라에서 널리 시행된 여러 제도가 정비되었다. 몇 가지 예를 들어보자.

먼저, 율령의 편찬이다. 율은 형법에 해당하고, 영슈은 행정에 관계된 법규다. 그러한 법령의 편찬은 진대晉代부터 명·청대까지 이루어졌는데, 수·당대에 특히 활발하였다. 율령체계의 정연한 구성에 따라 그 영향력의 범위도 넓어졌다.[2] 당시 국가건설을 준비하

1_ 다만, 수·당 시대에 과거를 통해 채용된 관리는 전체 관료 중 일부에 지나지 않았다. 과거를 통한 관료의 등용이 전면적으로 이루어지게 된 것은 송대宋代(10세기 이후)에 들어서고부터였다. 또한 이 시기에는 '회피제도'가 만들어져 지방관은 자기 출신지에 부임하는 것이 금지되었다. 이것도 중앙에서 관료를 통제하는 정책의 일환이었다.

고 있던 한반도 각 국과 일본에서는 당의 율령을 중앙집권체제를 정비하기 위한 한 부분으로 중시하였기 때문에 수대에서 당대 전반기까지를 율령제 시대라고 부르기도 한다.

관제는 중서성中書省·문하성門下省·상서성尙書省의 3성과 상서성 밑에 이부·호부·예부·병부·형부·공부의 6부[3]를 중심으로 하는 중앙관제가 정비되었다. 송대 이후 3성은 점차로 폐지되고 6부가 황제에 직속하는 체제가 만들어졌으니, 청대에 이르는 중앙관제의 골격은 당대에 완비되었다고 할 수 있다.

조세와 병제에 관해 살펴보자. 당의 조세제도는 북위 이후의 균전제均田制에 기초한 조용조租庸調 제도를 기본적으로 답습하였다. 제도의 특징은 성년 남자에게 일정한 토지를 지급함과 동시에 곡물(조租), 견물과 마(조調), 노역 내지는 그 대역품(용庸)을 부과하는 것이었다. 실제로 균전제가 전국적으로 실시되었는지는 명확하지 않으나, 둔황敦煌과 투루판高昌에 남겨진 당대의 문서는 적어도 이들 지방에서 토지의 지급과 반환이 실제로 이루어지고 있었음을 말해준다. 다만 여기에 기록된 토지의 수수액은 규정보다 적었다.

병제는 일반적으로 농민을 대상으로 하는 부병제府兵制라는 징병제도로, 농민에서 징발된 병사가 도시 주변과 변경지대의 방비를 맡았다.

당대 초기의 여러 제도를 이전의 한대나 당보다 뒤인 송(조송趙

2_ 당률은 지금도 남아 있지만, 당령은 소실되어 일본령 등을 참고하여 복원이 이루어졌다. 니이다 노보루仁井田陞의 『당령습유唐令拾遺』가 대표적이다.

3_ 이부는 관료인사, 호부는 재정, 예부는 의례(과거와 조공 등을 포함), 병부는 군대·전쟁 관계, 형부는 법률·재판, 공부는 토목공사를 각각 담당하였다.

宋)[4]의 제도와 비교해 보면, 명확한 이념에 근거한 정연한 구성이라는 점이 특색이라고 할 수 있다. 당왕조는 여러 민족을 통합해 나가기 위해 명확한 이념을 필요로 했던 북조정권의 여러 제도를 이어받아 그것을 집대성해 갔다. 당나라 초기 제도는 이러한 성격 때문에 동아

당과 돌궐의 왕래 활동을 기록한 투루판 문서. 신장웨이우얼 자치구 투루판시 고묘 출토.

시아 여러 나라가 수용하기에 적당한 보편성을 띠고 있었다. 그러나 다른 측면에서 보자면, 그러한 이념적 제도는 현실과 괴리되어 쉽게 형해화形骸化될 수도 있는 것이었다. 균전제도와 부병제도가 8세기에 해체되는 것은 그 예일 것이다.

당대의 대외관계

당은 주변 여러 나라와의 사이에 책봉 외에도 다양한 관계를 맺었다. 당대에는 조공사절만이 아니라 많은 유학생들과 먼 나라 상인들이 중국을 방문하였다. 여기에서는 당대의 대외관계를 지역별로 살펴보자.

동방에서는 주변 여러 나라가 당의 여러 제도를 적극적으로 받아들였다는 점이 특징이다. 대표적인 나라로 신라·일본·발해를 들

---

4 남북조시대의 송宋과 구별하기 위해 10세기 이후 조씨趙氏가 건국한 송은 조송趙宋, 남북조시대의 송은 유송劉宋이라 부르기도 한다.

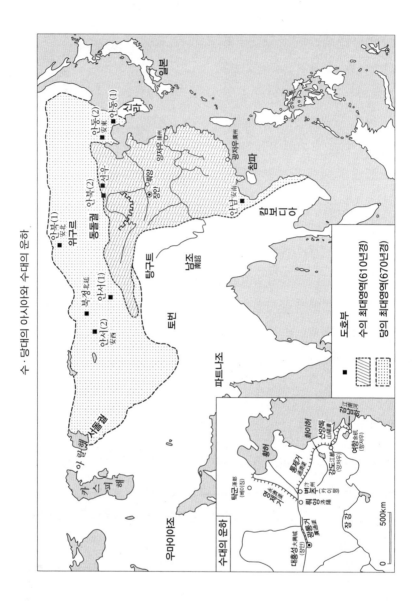

수·당대의 아시아와 수대의 운하

수 있다. 당은 7세기 후반에 백제와 고구려를 멸망시키고(이 시기 일본에 망명한 많은 백제인들에 의해 중국 대륙문화의 전파가 촉진되었다) 한반도를 통일한 신라와 책봉관계를 맺었다.

일본은 수·당과 책봉관계를 맺지는 않았지만 7세기부터 9세기에 걸쳐 십여 차례 견수사와 견당사를 파견하였다. 이 사절에 동행한 유학생들 가운데에는 아베노 나카마로阿倍仲麻呂처럼 당나라 고관이 되고 결국 귀국하지 못한 사람도 있었다. 아베노 나카마로는 장안長安에서 왕유王維, 이백李白 등의 유명한 시인과도 교류하였다. 그가 귀국 도중에 조난을 당했다는 소문을 듣고 이백은 나카마로를 애도하는 시를 짓기도 하였다.

> **이백_ 조형晁衡[5]을 애도하며**
> 일본의 조형 경이 제국의 수도를 떠나
> 멀리 가는 배에 몸을 실어
> 밝은 달에 돌아오지 못하고 벽해에 가라앉았으니
> 흰구름과 수심이 벽오동에 가득하구나.

7세기 말에 일어난 발해도 당의 책봉을 받고 3성 6부의 관제와 장안을 모방한 도성을 건설하는 등 당나라 제도를 적극적으로 받아들였다.

캄보디아·참파·스리위자야 등 원래 인도 문화의 영향을 받았던

5_ 조형晁衡은 아베노 나카마로가 중국에서 사용한 이름이다. 실제로 아베노 나카마로는 그 때 안남(베트남)에 표착하였고, 장안長安으로 돌아와 관료생활을 하며 지냈으나 결국 일본으로 귀국하지는 못했다.

동남아시아도 당에 조공을 하였다. 향신료 등의 남해물산이 양저우揚洲·광저우 등의 중국 항구로 운반되었고, 그 곳에서 대운하를 거쳐 화북에서도 판매되었다. 당의 광대한 소비시장은 동남아시아 여러 나라와의 교역을 발전시키는 토대가 되었다.

북방에서는 전기에 돌궐, 후기에는 위구르가 주요 대항세력이었다. 당이 건국될 때에는 돌궐 기병의 원조를 받기도 하는 등 돌궐이 강대한 세력을 가지고 있었으나 630년 당에 복속되었고, 그 때 많은 유목부족은 당 태종을 '탱그리칸天可汗'[6]으로 부르며 받들었다. 당은 복속한 돌궐을 기미羈縻정책으로 지배하였다. 기미란 원래 소나 말을 메어두는 고삐라는 뜻이다. 즉, 이민족의 수장을 도독과 자사 등의 지방관으로 임명하여 생활양식에는 변함이 없지만 형식 상으로는 당의 지배영역에 포함시켜, 왕조에서 파견한 관료가 도호부와 도독부에 거하면서 이들 수장을 감독하였다. 북방과 서방은 종종 이러한 기미 방식으로 지배하였다. 안사安史의 난(755~763)이 일어났을 때에 북방의 위구르가 당에 대한 원조를 계기로 세력을 확장시키게 되자 당은 그들과 형제관계를 맺고 공주를 시집보내는 관계를 유지하였다. 위구르와 당은 비단과 말을 교환하였는데, 조공 형식을 취하기는 했지만 실제로는 대등한 교역이었다.

티베트의 토번吐藩은 634년 처음으로 사절을 당으로 보내 책봉을 받고 중국문화를 적극적으로 도입하였다. 그 후 토번은 급격히 세력을 확대하며 당의 서역지배를 위협하였다. 안사의 난 이후 양국은 '사위와 장인' 관계로 대등한 맹약을 맺었는데, 당의 공주(토

---

6 투르크어로 탱그리 카간에 한자를 붙인 것이다. 카간(한)이란 북방 여러 민족의 최고 지도자를 말한다.

번의 경우는 황제의 딸이 아닌 종실의 딸들)가 토번으로 시집을 갔기 때문이다.

타림 분지의 오아시스 국가는 동쪽으로는 당, 북쪽으로는 돌궐 같은 유목세력, 남쪽으로는 토번 등 세 세력의 압력을 받아 복잡한 움직임을 보였다. 당은 서역을 주로 기미 방식을 통해 지배하고 있었으며, 8세기 전반에는 명목상이긴 하지만 카스피해 연안 국가들까지 당의 영역에 포함되었다. 그러나 8세기 중반 압바스 왕조와 탈라스 유역의 전투에서 패하였고 또한 안사의 난까지 겹쳐 당은 서역 지배를 포기할 수밖에 없었다.

이상과 같이 당은 책봉관계 외에도 기미관계, 형제 혹은 사위·장인 등 친족에 해당하는 관계 등 각각의 사정에 따라 다양한 관계를 맺었다.

외래의 생활문화

5호16국 시대부터 당대 전반에 걸쳐 중국사회는 북방 유목사회와 인도·서아시아 여러 도시의 영향을 받아 생활문화가 크게 변화되었다. 예를 들면, 한대까지 중국인들은 마루에 멍석 등을 깔고 직접 앉아서 생활하였으나 이후에는 의자와 테이블 생활이 일반화되었다. 밀가루로 만든 서아시아식 빵[7]과 면이 화북에 보급되었고, 이에 따라 당대 중반부터는 밀이 화북의 주요 작물로 되었다.

7세기에는 사산조가 신흥 이슬람제국을 멸망시키자 많은 이슬

7_ 떡과는 달리 밀가루를 반죽하여 얇게 펴서 찌거나 구운 것.

람 사람들이 장안으로 이주하였다. 소그드 지방[8]의 많은 상인들도 장안에 와서 금은세공품과 비단 등을 교역하였다. 말을 타고 봉으로 공을 치는 폴로 경기가 이란에서 들어와 유행하였다. 위진남북조시기에는 호胡가 북방민족을 가리키는 말이었으나 당대에는 오히려 이란계 사람들과 풍속을 나타내는 말로 되었다.

다음 이백의 「소년행」은 당시 수도의 봄 풍경을 그린 것으로, 부자 젊은이가 말을 타고 대로를 활보하는 풍습, 마구에 달린 금은장식, 그리고 이란계 미인이 서비스하는 술집 등 모두 사람의 마음을 잡아끄는 도시풍경이었다. 더불어 당시 여성은 말을 타기도 했는데 이 역시 '호화胡化'의 한 예라 할 수 있다.

이백_ 소년행少年行
오릉五陵의 소년이 금시金市 동쪽에서
은 안장으로 장식한 백마에서 봄바람을 맞으며
떨어지는 꽃 밟고 어디로 가는가
웃으며 들어가네, 호녀의 술집으로

국제성이 농후한 당대의 문화는 당과 관계를 맺은 주변의 여러 나라로도 전파되었다. 일본의 헤이죠쿄平城京에서 번영한 덴표天平 문화는 그 전형적인 예로, 나라奈良의 쇼소인正倉院에는 이란에서 직접 전래되었다고 전해지는 유리 외에 이란풍의 병풍과 금은기金銀器 등의 보물이 많이 보관되어 있다.

8_ 사마르칸트 등 서투르키스탄의 오아시스 지역.

당대의 부녀승마용　　　　　　　감색 유리잔. 일본 쇼소인 소장

당의 쇠퇴

8세기 초에 즉위한 현종玄宗의 치세는 번영의 시대였다. 주변 여러
나라와의 교류도 활발하였고, 장안에서는 이백과 두보 같은 시인
들이 활약하는 '성당盛唐'의 시기였다. 그러나 한편 무거운 병역의
부담 때문에 도망자가 속출하여 부병제가 붕괴되어 가는 시기가
이 때였다. 정부에서는 부병제 대신에 모병제를 채용할 수밖에
없었고, 그 지휘관으로 절도사節度使를 변경에 배치하였다. 안사의
난9을 일으킨 안녹산安祿山은 소그드인 아버지와 돌궐인 어머니 사
이에서 태어난 장군으로 반란 당시 10개의 절도사 자리 중 3개를

9_ 안녹산과 그의 부장인 사사명史思明이 중심이 되어 일어난 난으로 안사安史의
난이라 한다.

겸하고 있었다. 반란은 현종을 앞세워 궁정에서 권력을 쥐고 있던 있던 양국충楊國忠(현종의 총애를 받던 양귀비의 오빠)과 안녹산의 대립에서 시작되었는데, 8년을 끈 끝에 위구르 세력을 빌어 겨우 진압할 수 있었다. 그러나 이 반란을 계기로 당의 체제는 크게 변화해 갔다.

재정난을 해결하기 위해 조租·용庸·조調 이외의 세를 늘렸고, 780년에는 조용조 제도 대신에 양세법을 시행하였다. 그것은 균전제처럼 일률적인 토지 지급을 목표로 한 것이 아니라, 현재 소유하고 있는 토지의 면적에 따라 여름과 가을 두 차례 동전으로 세를 납부하게 한 것이었다. 이는 민간인의 대토지소유를 용인하였음을 의미한다. 또한 소금전매제도도 실시되어 국가재정에 큰 기여를 하였다.

절도사는 이윽고 내지에도 설치되어 감찰사(감독을 임무로 한다)를 겸하면서 지방행정권과 군사권을 한손에 장악하게 되었다. 절도사·감찰사가 지배하는 영역을 번진藩鎭이라고 하였는데 번진 중에는 당조의 명령에 복종하지 않고 독립 할거하는 경향도 나타났다.

9세기 말에 일어난 황소黃巢의 난은 소금 밀매상인이 일으킨 반란으로, 중국의 거의 모든 지역이 약 10년 동안 이 난에 휩싸였다. 안문雁門절도사 이극용李克用[10] 등의 연합군에 의해 반란은 진압되었지만 반란 후 당나라는 항쟁을 벌이는 번진들을 통제할 힘을 상실해 버렸다. 이에 황소군의 장수였다가 항복한 주전충朱全忠은 당의

10_ 사타沙陀돌궐이라는 북방부족 출신으로 후에 후당後唐을 세운다.

581	양견, 수왕조를 세우다.
583	돌궐, 동서로 분열하다.
587	수나라, 대흥성으로 천도하다. 과거제가 시작되다.
589	남조의 진陳을 멸하고 천하를 통일하다.
607	일본, 견수사를 파견하다.
610	대운하를 완성하다.
612	고구려 침략을 시작하나, 결국 실패로 끝나다.
618	수가 망하고, 당이 일어나다.
624	당, 균전제·조용조법을 실시하다.
626	고조 이연李淵이 퇴위하고, 태종 이세민李世民이 즉위하다(정관貞觀의 치).
628	현장玄奬, 인도로 구법여행을 가다.
630	동돌궐, 당에 항복하고 당의 기미정책에 포함되다(~679).
	일본, 견당사 파견을 시작하다(~894).
645	고구려를 침략하나(~649) 실패하다.
663	백촌강 전투. 일본, 나당연합군에 패하다.
668	고구려 멸망하다(안동도호부 설치).
671	승려 의정義淨, 인도로 구법여행을 떠나다(~695).
682	돌궐, 당을 배반하고 제2 칸국 시대(~744)로 접어들다.
690	측천무후, 황제에 즉위하고 국호를 주周라고 하다.
698	발해 건국하다.
710	하서절도사를 두어 721년까지 변경에 10절도사가 배치되다.
	일본 헤이조쿄로 천도하다.
712	현종, 쿠데타에 성공하여 군권을 회복하다(측천무후, 위태후, 태평공주 정권이 끝나다).
722	부병제 붕괴하다.
744	위구르, 돌궐 제2 칸국을 쓰러뜨리다.
745	현종, 양귀비를 총애하다.
751	당나라 군대, 탈라스 유역에서 압바스 왕조에 대패하다.
755	안녹산이 반란을 일으키자(안사의 난) 내지에 절도사를 두다.
780	양세법을 실시하다.
875	황소의 난(~884)
907	절도사 주전충, 당왕조를 멸하고 '5대10국'의 분열기로 접어들다.

황제로부터 제위를 물려받아 후량後梁을 세웠다(907년). 그 후 약 50년 동안 화북에서 5개 왕조가 교대하니, 이 시기를 오대五代라고 한다.

당의 멸망이 동아시아에 준 충격은 대단하였다. 당이 멸망하고 얼마 되지 않아 한반도에서는 고려가 건국되었고, 신라와 발해가 무너지고 윈난의 남조南詔가 멸망하고 대리大理가 건국되었다. 북방에서는 거란이 성장하여 큰 세력을 형성하였고, 남쪽에서는 베트남이 독립정권을 세웠다. 일본에서는 헤이안조가 일어나고, 율령제가 무너지며 독자적인 국풍문화가 꽃을 피웠으며, 다이라노 마사카도平將門의 반란이 일어나는 등 국가체제가 크게 변화하였다. 10세기는 동아시아 전체의 변동기였다.

제6장 / 북방민족의 대두

큰 중국과 작은 중국

중국 역사를 보면 통일왕조라고 해도 통치의 범위는 각양각색임을
알 수 있다. 즉 북방민족을 포함하여 다민족적이고 규모가 큰 정치
형태가 만들어진 시기와 북방 및 서방 민족을 제외한 소위 한족漢族[1]
을 중심으로 하는 형태가 만들어지는 시기가 파도처럼 반복하였
다. 그 파도에서 보자면 수·당은 영토는 그리 넓지 않지만 북방과
서방의 문화가 혼합된 다민족적인 형태를 보여주었다. 이에 반해
당말오대의 혼란을 이은 송대宋代는 한족 중심의 작은 통합 형태를
전형적으로 보여준 시대였다. 주변 민족의 입장에서 설명하자면,
이들 민족이 스스로 문화를 창출하여 자립해 가는 시기였다.

　몽골왕조시대에는 몽골제국 전체가 아닌 원조元朝로 한정시켜
보면 중국 역사상 유례 없는 정치적 통합이 이루어졌고, 다양한

---

[1]　한족漢族에 대해 정의를 내리기는 어렵지만, 아주 간단하게 말하면 한자를 사용
하고 한어漢語를 말하며, 가족관계와 의식주 등의 습관을 공유하고 주로 농경생활을
영위하면서 '한족'으로서 아이덴티티를 형성하고 있는 사람들이라고 할 수 있다.

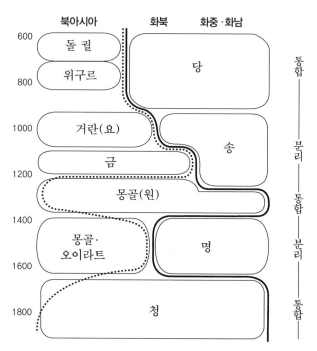

큰 중국과 작은 중국

	북아시아	화북	화중·화남	
600	돌궐		당	통합
800	위구르			
1000	거란(요)		송	분리
1200	금			
	몽골(원)			통합
1400	몽골·		명	분리
1600	오이라트			
1800	청			통합

큰 중국과 작은 중국(······ 선)의 변천은 다른 측면에서 보자면 북방민족의
진출의 역사(— 선)로도 볼 수 있다. 이 책에서는 중국사를 중심에 두고
논의를 전개시키고 있기 때문에 '큰 중국과 작은 중국'이라는 표현을 사용하지
만 북방아시아사의 관점에서 보면, '큰 중국'이란 북방민족의 남방으로의
발전을 의미한다. 이러한 복안複眼적인 시각에도 주의해 보고 싶다.

민족이 교차하는 다민족 사회가 형성되었다. 원이 망하고 명조가
되자 통합의 규모는 축소되어 한족을 중심으로 하고, 북방민족에
대해서는 만리장성의 방비가 강화되었다. 그리고 청조가 되자
만주·몽골·한족 등의 여러 민족을 포함한 체제가 만들어져 광역
적 지배가 이루어졌다. 이처럼 중국의 역사는 백 수십 년부터
삼백 년 정도를 단위로 하여 확대와 축소의 리듬을 띠고 있다.

현재 중화인민공화국은 청조의 확대된 영토를 기본적으로 계승하고 있다.

중국의 역사에서는 중국이라는 틀 자체가 이처럼 신축성을 갖고 있다는 것, 그리고 그 파도 속에서 중국 사회와 문화의 성격도 크게 변화한다는 사실에 주목해야 한다. 이러한 시각에서 송에서 원에 이르는 역사의 흐름을 보기로 하자.

북방 여러 민족의 동향

수·당대에 북방에서 큰 세력이 되었던 것은 돌궐과 위구르로, 둘 다 투르크계 민족이었다. 돌궐과 위구르는 독자적인 문자를 갖고 있었는데 이는 북방 유목민에게는 처음 있는 일이었다. 9세기 중반 위구르가 서북 몽골의 키르기스에게 패하여 해체된 것을 계기로 초원과 오아시스 지역에서는 커다란 변동이 일어났다. 그들 중 일부는 남하하여 당의 영역 안으로 들어갔고, 다른 일부는 서쪽으로 이주하였다. 서방으로 간 투르크계 민족의 일부는 이전의 유목 생활을 청산하고 오아시스에서 정착생활을 시작하고 오아시스 주민과 융합해 나갔다.[2] 나아가 9세기에서 10세기에 걸쳐 이 지역으로 이슬람이 전해지자 투르크는 이슬람화하게 되고, 이후 셀주크조와 오스만 제국처럼 투르크인들이 이슬람 세계에서 중요한 일익을 담당하게 된다.

---

2 현재 파미르 고원의 동서 오아시스 지대에는 투르크어 계열의 언어가 사용되고 있다. 이 지역이 투르키스탄, 즉 '투르크인의 토지'라고 불리는 것은 이 시기에 투르크계 민족이 이주하였다는 단서를 보여준다.

이와 같은 투르크계 민족이 서방으로 이동한 후에 생겨난 공백을 메운 것은 몽골 고원 동방에서 등장한 세력, 즉 거란契丹이었다. 야율아보기耶律阿保機(태조)는 907년에 거란의 칸이 되고 916년에는 황제라고 칭하며 중국식 연호를 정하였다.[3] 그 후 태조는 발해 등을 멸망시키며 급속히 세력을 확대하였고, 태종대에는 화북에 진입하여 연운16주[4]를 획득하였다. 당시 송은 국내를 통일한 후 연운지방을 회복할 목적으로 거란과 전투를 벌였으나 거란의 우위 속에서 강화가 성립되어 송은 거란에게 많은 은과 비단을 지불해야 했다. 거란은 북방민족의 본거지를 지키면서 중국 내지를 지배하는 최초의 왕조가 되었다. 그들의 영토 내에는 수렵·유목·농경 등 다양한 생업을 가진 여러 민족들이 포함되어 있었다. 따라서 통치도 부족제에 기반을 둔 북면관北面官, 주현제州縣制에 기반을 둔 남면관南面官으로 구별하여 성격을 달리하는 사회를 통합할 필요가 있었다.

그러는 사이 11세기 전반에 송의 서북지방인 산시陝西·간쑤甘肅 지방에서 티베트계 탕구트가 서하西夏를 건설하고, 중국과 서방을 묶는 통상 요충지를 장악하며 송나라를 압박하였다. 또한 12세기에 들어서자 동북의 쑹화 강松花江 유역에서 여진이 대두하여 금을 세웠다. 금은 송과 손을 잡고 거란을 공격하여 무너뜨렸다.[5] 그 후 금과 송 사이에 영토분쟁이 일어나자 금은 화북을 공격하여

3_ 거란 왕조는 족명인 거란을 국호로 쓰기도 하고 중국풍으로 요遼라는 국호를 쓰기도 한다.

4_ 현재의 산시山西와 허베이河北 북부. 연燕은 베이징 주변을 운雲은 다퉁大同 주변을 말한다.

5_ 이 때 거란의 황족 중 한 명이 서방으로 도망가서 중앙아시아에 서요西遼를 세웠다.

수도 카이펑開封을 함락시키고, 화북 일대를 지배하였다. 송은 황제의 동생이 강남으로 도망가 임안臨安(지금의 항저우)에 수도를 정하고 제위를 이었다.[6] 송은 금과 화이허 강淮河을 경계로 정하고, 금에 대해 신하의 예를 취하며 매년 은과 비단을 보내기로 하였다.

이상과 같이 송은 주변 여러 민족으로부터 심각한 군사적 위협에 직면해 있었다. 거란·금·서하는 모두 스스로 황제라 칭하였는데, 이는 당나라 황제가 유일한 황제로서 주변 지역과 조공·책봉관계를 맺었던 당대의 동아시아 질서와는 크게 다른 것이었다. 또한 거란·금·서하는 각각 독자적인 문자를 가지고 있었는데, 이러한 주변 민족의 대두는 문화적 자각과도 연결되어 있었다. 이러한 '자립화'의 물결에는 북쪽과 서쪽만이 아니라 일본도 포함되는 것이었다.[7]

송대의 정치·경제·사회

주변 민족의 자립화 움직임과 함께 중국의 정치, 문화도 크게 변하였다. 당대의 국제적인 문화와는 대조적으로 북방 및 서방과는 다른 한족 문화의 독자적인 특징이 송대에는 뚜렷하게 나타났다.

906년 당이 쓰러지자 약 50년 동안 화북에서는 오대五代로 불리는

6_ 임안臨安으로 천도하기 전 카이펑開封을 수도로 삼았던 시기를 북송北宋이라 하고 임안으로 천도한 후를 남송이라 한다.

7_ '동아시아세계'론의 대표적인 논자인 니시지마 사다오西嶋定生는 일본의 가나문자가 보급된 것은 거란·금·서하 등에서 독자적인 문자가 제정되는 것과 시기가 일치한다는 사실에 주목하여, 이를 동아시아에서의 '한자문화 이탈 현상'의 일환으로 보았다.

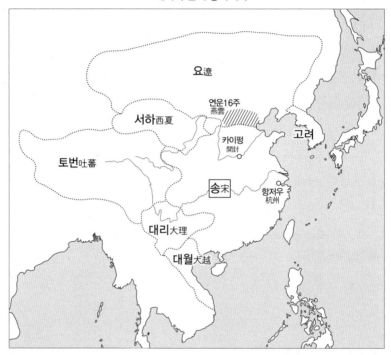

5개 왕조(후량後梁, 후당後唐, 후진後晉, 후한後漢, 후주後周)가 흥망하였다. 그 밖에 중국 중부와 남부에 차례로 들어선 지방정권을 10국이라고 하는데, 이를 합쳐서 5대 10국이라 부르기도 한다. 이 시기는 분열과 항쟁의 시기였지만, 동시에 양쯔 강 델타의 수리시설이 정비되고, 도시 교외에 상업중심지가 성장하는 등 이후 시대와 연결되는 융성한 경제발전도 보였다.

후주의 무장이었던 송 태조 조광윤趙匡胤은 960년 부하들에 의해 옹립되어 즉위 후 통일을 진행하였다. 제2대인 태종시대에 중국의 주요 부분을 통일하게 되지만, 북쪽에서는 거란이 연운16주를 차지하였으며 서북은 간쑤甘肅·산시陝西에 서하가 진출하였고, 서남은 대리大里가 윈난雲南·귀저우貴州를 지배하였다. 때문에 다른 통일왕조에 비하면 규모가 다소 작은 통일이었다.

송대에 보이는 특징 중 하나는 황제를 중심으로 한 중앙집권적 문관통치제도의 확립이다. 태조와 태종은 종래 지방의 군사권과 행정권을 한 손에 장악한 절도사의 권력을 삭감해서 중앙집권화를 추진하였다. 이를 위해 한편으로는 절도사 수하에 있는 지방관을 직접 중앙에서 임명하는 제도를 만들고 동시에 수대 이후의 과거제도를 확충해서 중국 특유의 관리등용제도를 정비하였다.[8] 과거의 특색으로는 먼저, 출신을 묻지 않고 남성이면 누구나 시험을 칠 수 있는 개방성을 들 수 있다. 여성과 일부 천민은 과거를 볼 수 없고, 또 오랜 동안 시험공부를 위해서는 상당한 경제력도 필요로 하였으나 수험 자격은 특정 가문으로 제한되지는 않았다. 고급 관료의 자제는 은전을 받아 특별히 임용되는 제도도 있었으나 과거의 자격은 원칙적으로 1대로 제한되었다. 게다가 과거의 내용이 실질적인 지식이 아닌 유학 경전의 이해를 묻는 것이었다는 점이 또 하나의 특징이었다. 과거 합격은 유학의 교양을 갖춘 덕이 높은 인물임을 증명한다고 간주되었기 때문에 만약 실제로 관료가 되지 못한다 해도 부역제도와 형벌의 적용에서 유리하였고, 또한 지방 사회의 명사로서 존경을 받을 수 있었다.

송대 사회의 두 번째 특징은 상업의 발전이다. 북송의 수도인 카이펑은 장안과는 달리 대운하와 황허를 잇는 지점에 위치한 상업

---

8 관리등용제도에는 문관의 문과거文科擧와 무관의 무과거武科擧가 있었는데 문관 쪽이 압도적으로 중시되었다.

「청명상하도淸明上河圖」(부분). 북송 말(12세기) 작품. 청명절(4월 초) 날 번화한 카이펑의 모습을 묘사한 것이다. 주점과 줄지어 늘어선 노점, 많은 사람이 오가는 무지개다리, 인물의 복장 등 당시의 모습을 잘 보여주는 귀중한 자료다.

도시였다. 성벽 안 도로는 질서정연한 바둑판 모양이 아니라 복잡하게 뒤얽힌 길이 많았고, 성내에는 운하가 파져 있었다. 장안은 도로로 나뉘어진 하나 하나의 구획이 벽으로 둘러싸여 있었지만, 카이펑에는 그러한 벽은 없었고, 상점들이 직접 도로를 향해 있었다(「청명상하도」).

물론 송대의 중국경제는 농업을 기반으로 하였지만, 토지경영 방법도 상업화의 영향으로 변화했다. 당대 중기의 양세법 이후, 대토지소유가 발전하여 송대는 신흥 지주층이 성장해 갔다. 대토지소유라 해도 송대의 지주는, 정해진 영지를 세습적으로 지배하며 자급자족적으로 경영하는 영주와는 달리 토지에서 나오는 이익을 좇아 여기저기 토지에 투자하는 상업적 성격을 띤 지주가 많았다.

송대에는 대외적인 교역도 활발하였다. 육로를 통해서는 거란 및 서하와 교역하고, 해로를 통해서는 고려 및 일본, 그리고 같은 해로를 통해 남해무역, 즉 동남아시아와도 교역하였다. 중국의 수출품은 견직물·도자기·서적·문방구와 동전이 주를 이루었고, 그 대가로서 거란과 서하에서는 말·모피·인삼(약용인삼) 등이, 일본에서는 금·진주·수은·유황과 검도刀劍·부채 등의 공예품, 동남아시아의 여러 국가에서는 향신료와 약품류가 수입되었다. 이러한 교역은 정치권력과 연결되어 이루어지는 경우도 많았지만,[9] 당대처럼 정식국교의 표현인 조공으로서 행해진 것은 아니었다. 송대에는 광저우·취안저우泉州·밍저우明州(닝보寧波)·항저우에 시박사市舶司를 두고 외국무역을 관리했다. 당말 이후 조공과 책봉으로 성립된 국제적 정치질서는 붕괴되었으나 대신 상인들에 의한 교역활동이 동아시아 세계를 잇는 끈이 되었던 것이다.

송대의 세 번째 특징은 사대부[10]를 담당자로 하는 문화가 상당히 발달하였다는 것이다. 중국 사상사 연구자인 시마다 겐지島田虔次는 송대 주자학의 특징으로 ① 정통주의의 확립 ② 도덕과 정치의 일치 ③ 사변주의를 들고 있다.[11] ①의 정통주의는 도교와 불교에

9_ 일본무역을 적극 추진한 일본 헤이시平氏 정권이 그 예다.

10_ 원래 사대부라는 단어는 주나라 봉건시대의 지배자였던 '대부'와 '사'에서 유래한다. 이 말은 송대 이후 유학 교양을 쌓은 지식인들을 가리키게 되었고, '독서인'이라는 말도 같은 의미를 갖고 있다.

11_ 『朱子學と陽明學』, 岩波親書, 1967. 송대에 일어난 새로운 유학은 남송의 주희가 집대성하였고(주자학) 명대에 왕수인王守仁도 새롭게 발전시켰다.

대한 유교의 정통성을 주장하는 것이다. 인간은 사회적 존재로 인의도덕仁義道德으로 사회에 올바른 질서를 가져오는 것이야말로 학문의 사명인데, 도교와 불교는 인의도덕을 무시하고 사회에서 도피를 목표로 하고 있다고 비난하였다. ②의 도덕과 정치의 일치는 스스로의 몸을 도덕적으로 다스리는 것이 훌륭한 정치와 직접적으로 연결된다는 사고방식이다. ③의 사변주의는 널리 지식을 추구하는 것만이 아니라, 깊이 사색하고자 하는 태도를 말한다. 당대까지의 유학은 훈고학으로 불리듯이 경전의 해석을 중심으로 하였으나, 송대의 유학은 한 자 한 구一字一句의 주석보다는 오히려 경전 전체를 통해 우주만물의 올바른 존재를 철학적으로 탐구하려 하였다. 송대 유학의 핵심어로 '이理'와 '기氣' 등의 용어가 사용되었기 때문에 송대 이후의 유학을 '이기학'이라고도 한다.

송학의 이러한 특색은 송대의 예술과도 통하는 면이 있었다. 즉, 송대의 예술은 화려함과 다채로움, 구체적인 아름다움보다는 내면적인 깊이를 추구하는 쪽이었다. 자기와 청자, 그리고 수묵화와 문인화 등은 이러한 특색을 잘 보여준다.

문인화. 북송대 문동文同의 묵죽도

'당송변혁'의 배경

당대부터 송대에 걸쳐 이와 같은 커다란 변화가 있었다는 것은 학계에서도 통설로 되어 있으며 이를 '당송변혁唐宋變革'[12]이라는 용어를 쓰곤 한다. 당과 송의 사이에 큰 변혁이 있었다는 설을 처음 주장한 것은 1910년대의 나이토 고난內藤湖南[12]이었다. 그는 송대의 군주제 강화, 상품경제와 도시의 발달, 유학의 복고적 쇄신 등과 같은 정치·경제·문화에 나타난 다양한 지표가 르네상스 시대의 유럽과 유사하다고 논하면서, 송대 이후를 중국의 근세로 보았다. 한편, 송대의 지주-소작인의 예속관계를 유럽 중세의 영주-농노 관계와 유사하다고 보고, 송대 이후를 중세로 보는 견해도 있다. 1950년대 이후 일본에서는 송대의 중국이 중세인지 근세인지를 둘러싸고 격심한 논쟁이 벌어지기도 하였으나 유럽의 역사발전을 모델로 하는 이러한 논쟁은 더 이상 의미가 없어졌다. 하지만 어찌되었건 당과 송의 사이에 왜 이러한 변화가 일어났는가는 커다란 문제였다. 그 변화는 중국 국내정치와 사회·문화의 발전만으로는 설명할 수 없고, 동아시아 주변 민족의 등장이라는 정세 속에서 생각해 볼 필요가 있다.

송왕조는 대외의 위기의식에 대해 중앙집권을 강화함으로써 대처해갔다. 중앙 재정의 팽창으로 일찍이 없었던 대량의 동전이 발행됨으로써 전국적인 상품유통도 촉진되었다. 사대부들 사이에는 순수한 중화를 목표로 중화정통주의 풍조도 높았다. 중앙집권화, 상품경제의 발전, 사대부들의 중화정통주의 경향은 이미 당말

12_ 1866~1934년. 교토대학 교수. 일본 동양사학 창시자 중의 한 사람.

부터 나타났는데 계속되는 대외적인 긴장 속에 놓여 있던 송대에 정착되었다고 할 수 있다.

송대의 정치적인 특징이라 할 수 있는 극심한 당쟁도 직접적으로는 대외 위기와 관련되어 있다. 11세기 후반 신종神宗 시기에 전쟁으로 인한 재정난을 타개하기 위해 왕안석王安石이 발탁되어 대개혁을 단행하였다. 이것이 이후 북송 정치를 일관하는 신법당新法黨(개혁지지파)과 구법당舊法黨(개혁반대파)의 항쟁을 불러일으키게 되었다. 왕안석이 잇달아 제시한 신법을 몇 가지로 나누어 보면, 먼저 청묘법靑苗法과 모역법募役法[13]과 같은 농민경제를 목표로 하는 법이다. 두 번째는 균수법均輸法과 시역법市易法 같은 상업에 관계된 법이 있다. 모두 대상인의 이익을 억제하고 정부가 유통에 직접 간여함으로써 물자유통을 촉진시키고 물가안정을 도모한 것이라고 할 수 있다. 세 번째는 보갑법保甲法과 보마법保馬法처럼 민병을 조직하거나 민간에서 말을 키우게 하는 등의 방법을 통해 군비의 삭감을 꾀하는 방법이었다.

이 모든 정책은 국가재정을 튼튼히 하기 위해 국가가 경제에 개입하여 관료지주와 대상인의 이익을 제한하는 동시에 직접 생산자의 몰락을 방지하고자 한 것이었다. 관료와 지주들 사이에서는 정부의 이 같은 개입이 민간 이익을 탈취하는 것이라는 비판이 격하게 일어났고, 신종 사후에도 구법당과 신법당은 격렬한 논쟁

13_ 청묘법은 종래 지주와 상인의 고리대에 의존할 수밖에 없었던 농민에게 정부가 낮은 이자로 동전을 빌려주었다가 수확기에 곡물로 되돌려받는 방법이다. 묘역법은 농민을 돌아가며 징발하여 역소役所에서 노동을 시키던 잡역을 없애고 그 대신 일정액의 동전을 납부시켜 그것으로 사람을 고용하여 일을 시키는 방법을 말한다.

을 계속하였다.

　남송이 되자 금과 전쟁을 할 것인지 화의를 할 것인지를 두고 일어난 대립이 직접 정치투쟁으로 표면화 되었다. 그러나 어찌되었건 송대의 정치와 경제·문화를 생각할 때는 긴박한 대외관계에서 초래된 긴장감이 항상 그 배경에 있었다는 사실에 주의해야 할 것이다.

몽골의 등장

여기에서 다시 북방민족으로 눈길을 돌려보자. 금을 건국한 완안아골타完顔阿骨打(태조)는 여진의 종래 군사조직인 맹안·모극제[14]를 정비하여 이를 국가행정의 중심으로 삼았다. 3대 황제인 희종熙宗 시대에는 중국적 관제와 과거제를 수용하고 율령도 제정하여 중국적인 방식으로 화북을 지배했다. 이리하여 화북의 한인은 중국적 관제로 지배하고 그것을 맹안·모극제로 편성된 여진이 감시하는 체제를 취했다. 쿠데타로 희종의 황제 자리를 빼앗은 해릉왕海陵王의 남송정벌이 실패로 끝나자, 다음에 즉위한 세종은 남송과 화의를 맺는 한편, 여진인의 한화를 막고 여진어를 보급하는 일 등에 힘을 쏟았다. 하지만 그가 죽고 몽골의 침입이 시작되자 금은 쇠퇴의 길을 걷게 되었다.

　위구르 국가가 9세기에 망하자 몽골 고원에는 크고 작은 유목집단이 할거하면서 항쟁을 계속하였다. 그러던 중 몽골 고원 동북의

14_ 300호를 1모극謀克, 10모극을 1맹안猛安으로 한다. 전시에는 1모극에서 100명의 병사가 자비를 들여 무기와 식량을 가지고 종군하도록 되어 있다.

소부족 출신인 테무진이 점차 두각을 나타내어 몽골 고원을 통일하였다. 그는 동부 고원의 케레이트부, 계속하여 서부의 나이만부를 물리치고 몽골 고원의 대부분을 장악하였다. 1206년 오논하 유역의 초원에서 열린 쿠릴타이[15]에서 칸의 지위에 오른 그는 칭기즈 칸으로 불리게 되었다.

칭기즈 칸이 즉위한 후 처음 실행한 것은 유목민 집단의 재편성이었다. 지배 하에 있던 유목민을 95 집단(천인대千人隊)으로 편성하고 군공을 세운 신하와 일족을 대장으로 임명했다. 그리고 천인대를 여러 개씩 자신의 아들과 형제들에게 나누어 주고 나머지는 자신에게 직속시켰다. 천인대는 단순한 군사조직이 아니라 행정과 사회생활의 단위가 되는 조직으로서, 각각의 방목지는 칭기즈 칸이 지정해 주었다. 그 밖에 케시크라고 불리는 친위대도 있어서, 천인대만이 아니라 새롭게 지배 하에 들어온 부족의 자제들을 발탁해서 참가시켜 칸과 사적으로 강하게 연결된 특권집단으로 만들었다.

그 후 칭기즈 칸은 정복전쟁을 통해 중앙아시아의 서요, 이란쪽의 신흥국가 호라즘, 서하를 차례로 멸망시켰다. 칭기즈 칸 사후 즉위한 오고타이는 금을 멸망시키고 화북을 차지함과 동시에 카라코룸에 수도를 건설했다. 칭기즈 칸의 손자인 바투가 이끄는 군대는 서북 유라시아 초원을 제압하고 동유럽까지 침입하였다. 한편, 서아시아에서도 손자 훌라구가 1258년 바그다드를 점령하고 압바스 왕조를 멸망시켰다. 훌라구 지배 하의 몽골군은 더욱 서쪽으로 진출하여 이집트 영유를 목표로 하였지만, 1260년 아인잘루트(팔

15_ 몽골 말로 집회라는 의미. 유력 부족장이 모여 칸의 선출과 정복 등 중요 사항을 결정한다.

916	거란족 야율아보기, '대거란'국 황제를 칭하다(937~983, 1066~1125에는 국명을 '요'로 하다).
918	신라 말의 동란 속에서 왕건이 고려를 세우다(태조).
928	거란이 발해국을 멸망시키다.
935	신라, 고려에 병합되다.
936	오대의 후진後晉, 거란에 연운16주를 주다.
960	후주의 금군禁軍을 이끈 조광윤, 송조(북송)를 시작하다(태조).
968	베트남이 독립하여 정조丁朝를 시작하다.
979	송, 남방의 10국을 평정하고 거의 통일을 완성하다.
1004	송, 거란국(요)과 전연澶淵의 맹을 맺다.
1038	탕구트 족 이원호李元昊, 서하(대하大夏라 자칭)를 건국하다.
1069	왕안석의 신법이 실시되다(~1085).
1115	여진족 완안부의 아골타, '금'나라를 건국하다.
1125	금, 요를 멸망시키다.
1127	북송, 금에 멸망당하고 황족 조구趙構가 화중·화남에서 송을 부흥시키다(남송).
1132	이 무렵 야율대석耶律大石, 서요를 건국하다.
1149	금에서 해릉왕이 쿠데타를 일으키다.
1190	주자가 '사서'를 선정하다.
1192	일본 가마쿠라 막부가 성립하다.
1206	몽골 고원에서 테무진이 통일을 달성하고, 칭기즈 칸을 칭하다.
1219	칭기즈 칸의 서방 대원정 시작되다.
1227	몽골, 서하를 멸망시키다. 칭기즈 칸 사망하다.
1234	몽골, 금을 멸망시키다.
1256	고려, 몽골에 항복하다.
1258	훌라구의 군대, 바그다드 공략하다.
1260	쿠빌라이, 내몽골 개평부(상도上都)에서 즉위. 다음 해 남송 공격. 몽골 원정군, 마무르크 군대에 패하다.
1269	마르코 폴로, 동방으로 여행을 떠나 쿠빌라이에게 등용되고 1295년에 귀국.
1271	쿠빌라이(세조), 국호를 '대원'으로 정하고 다음 해 중도 연경燕京(베이징)을 대도로 삼다.
1274	원, 일본을 침략하다.
1276	원, 남송을 공략하여 임안에서 무혈개성無血開城하다.
1291	몬테 코르비노가 대도에 도착하여 사교司敎가 되다(1328년 사망).
1342	이 무렵부터 황허가 범람하다.
1351	백련교의 난이 일어나 '홍건紅巾'이라 칭하다.
1367	주원장, 군웅인 장사성張士誠·방국진方國珍과의 전투에서 승리하고 다음 해 건국

레스타인) 전투에서 마무르크 왕조의 군대에게 패하여 몽골의 서방 확대는 종지부를 찍었다.

13세기 중반까지 몽골의 지배는 동으로 중국 북부에서 서로는 러시아·이란에 이르는 광대한 영역으로 확대되었다. 그 방대한 영토 안에는 칭기즈 칸의 자손이 다스리는 몇 개의 지방정권이 세워졌고, 이들은 칸 아래 느슨하게 통합되어 있었다. 그러나 이들 가운데서 누가 칸이 될 것인지는 북방민족의 제도에 따라 쿠릴타이의 합의로 결정되었기 때문에 종종 심각한 경쟁을 불러오기도 하였다. 원조를 세운 쿠빌라이도 그러한 경쟁 끝에 정권을 잡은 인물이었다.

제7장 / 원元에서 명明으로

쿠빌라이의 외정外征

몽골 시대를 어떻게 볼 것인가? 이 문제와 관련하여 최근 학계에서는 지금까지의 중국사를 중심으로 한 시각에 심각한 비판을 가하고 있다. 몽골시대사 연구자인 스기야마 마사아키杉山正明에 따르면, 지금까지 중국사 연구자들의 원대사元代史 연구는 중국 중심의 시각에 갇혀 있었다. 즉, 한문 사료가 갖고 있는 화이사상에 이끌리거나 혹은 근대 내셔널리즘적인 역사관에 영향 받아 한민족과 이민족을 엄격히 구분하고 이민족 지배를 평가절하하는 견해가 있었다는 것이다. 사실 몽골의 지배는 이민족에 의한 압정이 아니었고, 다양한 문화를 갖는 다양한 출신의 사람들을 받아들인 개방적인 체제였다고 보는 쓰기야마의 견해는 현재 많은 연구자들에게 받아들여지고 있다. 그러한 새로운 연구경향을 염두에 두고 몽골 시대의 중국 상황을 살펴보자.

칭기즈 칸 사후 쿠릴타이는 다음 칸[1]으로 셋째 아들 오고타이를

몽골제국(13세기 후반)

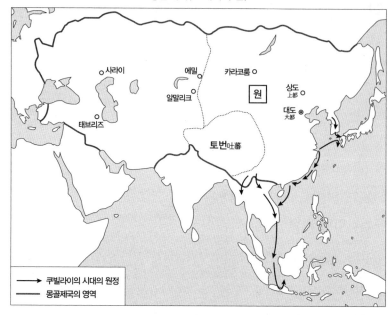

몽골제국(13세기 후반)

지명하였다. 오고타이는 금나라를 멸망시키고 화북을 차지함과 동시에 몽골 고원 중앙에 수도 카라코룸을 건설하고, 수도를 기점으로 하는 역참제도驛站制度(자무치)를 정비하여 정복지 경영에 착수하였다. 오고타이와 다음 몽케 시대에 바투가 러시아·유럽 쪽으로 원정을 나갔고 훌라구는 서아시아 원정을 단행하였다. 이보다 조금 뒤에 남송 원정을 중심으로 한 동방 진출은 몽케의 동생인 쿠빌라이에게 맡겨졌다.

몽케가 원정중에 급사한 뒤, 칸의 지위계승을 둘러싸고 쿠빌라이

1_ 일반 칸 위에 있는 대칸을 카한이라고 한다. 제5장 각주 6)에서 설명한 카간과 마찬가지로 북방민족의 유일한 최고 수장을 가리키는 칭호로 몽골에서는 오고타이 이후 사용되었다.

와 막내인 아릭부케 사이에 싸움이 일어났다. 이 싸움에서 승리한 쿠빌라이는 칸의 지위를 계승하고 1271년 국호를 대원大元[2]이라 하였다.

쿠빌라이는 남송 정벌에 장기전으로 임하였다. 그러나 후베이湖北의 샹양襄陽과 판청樊城을 6년간의 포위 끝에 함락시킨 다음부터는 일제 공격에 나섰다. 그리하여 1276년 남송의 임안臨安을 점령하고 남송을 멸망시켰다. 고려는 국왕이 몽골에 귀순 자세를 보이자 이에 승복하지 않는 무신세력이 한반도 남부에서 반란을 일으켰다. 몽골군은 고려 정부군과 협력하여 반란을 진압하고 고려는 쿠빌라이의 정권 하에서 원과 가장 긴밀한 관계를 갖는 국가가 되었다. 일본에 대한 원의 침략은 남송의 멸망을 사이에 둔 1274년과 1281년 두 차례에 걸쳐 행해졌다. 1차는 고려와 몽골 연합군, 제2차는 옛 남송 군대를 주력으로 하였으나 모두 폭풍으로 선단은 피해를 입고 퇴각하였다.

쿠빌라이는 동남아시아 여러 나라에도 원정군을 보냈다. 윈난을 경유한 육로를 통한 미얀마 공격을 비롯하여 육로와 해로를 통한 참파 토벌, 베트남 출병, 자바 원정 등 동남아시아 원정을 단행하였다. 1270년대부터 1290년대에 걸친 이 원정은 미얀마를 제외하고는 대부분 실패로 끝났다. 그러나 원은 동남아시아 원정을 통해 동남아시아에서 인도양에 걸치는 해상교역권과 연결되었다. 한편, 원의 동남아시아 진출은 동남아시아에 커다란 사회변동을 초래하였

2_ 중국왕조의 국호는 한漢과 당唐 모두 지명에서 유래하였다. 그런데 원元은 유교 경전인 『역경易經』에서 딴 것이고, 이후 명明과 청淸도 모두 이러한 추상적인 이념을 나타내는 글자를 국호로 정했다.

다. 미얀마에서는 벵갈조가 멸망하고, 타이에서는 몽골의 윈난 침입에 밀려 남하한 타이인이 수코타이조, 계속하여 아유타야조를 세웠다. 또한 자바에서도 원나라의 침입을 계기로 마자파힛 왕국이 발흥하였다. 원나라 군대 활동으로 1000년에 걸쳐 상층문화를 담당해 온 산스크리트어 문화가 사라지고 대륙에는 상좌불교를 신봉하는 타이족이 진출하고 섬에는 이슬람 문화가 시작되었다.

원조의 국내통치

쿠빌라이는 자신의 권력 기반인 동방으로 수도를 옮겨 개평부開平府 (현재 내몽골의 도론)를 여름 수도인 상도上都로 삼고, 동시에 지금의 베이징 땅에 겨울 수도인 대도大都를 건설할 것을 명하였다. 대도는 당의 장안성 등과 마찬가지로 질서 정연한 바둑판 모양의 도로로 계획된 도시였다.

쿠빌라이는 중국 왕조의 전통적인 관제를 이어받아 중서성(행정)·추밀원(군사)·어사대御史臺(감찰)를 두고, 6부를 중서성에 직속시켰다. 이러한 중앙 관제시스템은 중국 역대왕조의 제도를 답습한 것이었지만 실제 운영에는 큰 차이가 있었다. 관직에 나가는 사람은 과거 합격자가 아니라 몽골의 유력자, 케시크(친위대) 출신자, 그 외에 몽골, 위구르 등 여러 출신들로서, 황제에게 실무 능력을 인정받은 자들로 임명된다는 점이다. 그들은 관료인 동시에 스스로 군대를 이끄는 군인들이기도 하였다.

지방관제에 나타난 큰 변화의 하나는, 송과 같이 로路·부府·주州·현縣 같은 지방 행정기구를 설치하되 그 위에 행성行省이라는 보다 큰 행정단위를 두었다는 점이다. 행성은 '행중서성行中書省'의 약칭으로 원래 중앙 중서성의 출장기관이라는 의미였다. 즉 점령지에 중서성의 출장기관을 설치하여 행정을 담당하게 한 것으로, 군사적·임시적 요소가 강하였다. 그러나 원조의 지배가 안정되자, 군사적·임시적인 요소는 줄어들고 징세 이외의 일반 지방행정을 담당하게 되었다. 행중서성의 관리는 직위도 높고 징세와 군사, 조운(세미稅米의 수송) 등 중요 임무를 모두 통괄하는 강력한 권력을 가졌다. 오늘날 중국의 성省이라는 명칭도 원대의 행중서성에서 유래한다.

원대 지방관제의 또 하나의 특징은 로·부·주·현에 이전과 마찬가지로 행정관을 두는 외에 다루가치(몽골말로 '지키는 사람'이란 뜻)를 두고 군사관계 업무를 보게 하면서 행정관이 담당하는 일반 행정도 감독하게 한 점이다. 종래의 행정관은 몽골인 이외의 사람들도 임명되었으나 다루가치는 주로 몽골인들이 임명되었다. 즉 원대의 지방관제는 몽골의 군사지배와 중국적 지방행정의 이중구조로 이루어졌다.

과거시험은 원조가 건국된 이후 잠시 중지되었으나, 14세기 초기에 다시 실시되었다가 중단되면서도 16차례 실시되었다. 그러나 합격자 수는 송대와는 비교도 되지 않을 정도로 적었다. 고급관료가 된 사람들은 몽골과 위구르의 유력자 집안 출신자와 케시크 출신으로서 실력을 인정받은 사람이 많았다. 그러나 한족 학자 출신으로 칸의 브레인이 된 사람이 없지는 않다. 원의 신분제도에는 '몽골, 색목, 한인, 남인'이라는 4구분이 있었다[3]고 알려져 있다. 최근 이러한 구분법 하에서 한인과 남인은 차별을 받아 관료로 출세할 수 없었다는 통설에 대한 비판이 주목을 끌고 있다. 비판의 요점은 원조 관료의 등용법은 실력주의였고 민족적 차별은 적었다는 것이다. 한문 사료에 나오는 이러한 4구분법에는 원의 이민족 지배에 반감을 갖고 있던 한인 지식인의 주관이 들어간 것이며 실제로는 그 정도까지의 차별은 없었다고 할 수도 있다. 그러나 여기서 말하는 실력주의란 칸과 개인적인 가까움을 중시한 것이었고, 과거와 같은 경쟁시험의 실력주의와는 역시 다른 것이었다고 할 수 있다.

하급관료에 대해 살펴보자.

원대 하급관료의 특색 중 하나는 서리胥吏[4]의 관계 진출이 쉬웠다는 점이다. 송과 명의 경우, 과거를 치른 관료와 치르지 않은 서리와의 사이에는 엄연한 차이가 있었다. 서리는 계산과 문서관리 등 사무적 능력은 갖추고 있어도, 유교 교양에 기초한 높은 인격은 갖추지 못한 자라고 여겨졌다. 송대 이후 사대부들은 도덕과 정치는 밀접히 관계되어 있다고 여겼지만, 원의 경우 관료의 조건으로 중시된 것은 유교적 도덕이 아니라 오직 실무 능력이었다고 할 수 있다.

다음으로 몽골지배 하의 사회경제에 대해 살펴보기로 하자.

몽골 시대에는 중국도 몽골제국의 유라시아 규모의 교역망에 편입되어 장거리 상업이 활발하였다. 몽골제국은 초기부터 교통로

---

3 색목이란 각종 사람들을 의미하는데, 주로 중앙아시아의 여러 민족을 말한다. 한인은 원래 금나라 영토였던 화북 출신 한인과 거란, 여진인 등을, 그리고 남인은 남송 지역 사람들을 가리킨다.

4 문서관리 등의 실무를 맡아보는 사무원으로 각 지방 관청에서 실무시험으로 채용하였다.

의 안전을 중시하여 그 정비와 치안유지에 힘썼다. 이란계 무슬림 상인은 오르톡(동료라는 의미)이라고 불리는 회사조직을 만들고 공동출자한 거대 자본력을 배경으로 하여 유라시아 전역에서 활동하였다. 해상활동도 활발해져 송대에 이어 항저우·취안저우·광저우 등의 항구가 계속 번영하였다. 송과 마찬가지로 시박사가 설치되

원의 지폐인 보초寶鈔

어 세금을 징수하였다. 그러한 남쪽의 항구와 양쯔 강 하류의 상업도시는 대운하와 원대에 열린 해운 루트를 통해 수도인 대도와 연결되었다. 유라시아까지 대상으로 하는 상품유통에는 은이 사용되었다. 원대에는 은 부족을 메우기 위해 지폐를 대량으로 발행하였다. 원대에 재무관료로 활약한 사람들은 무슬림 상인 출신 관료들이었다. 그들이 만들어낸 중앙재정 시스템은 소금 판매와 상세 등 유통세를 중심으로 한 것이었다. 즉, 원대의 재정은 토지가 아닌 상업에 의존하였다는 점이 특색이었다고 할 수 있다.

토지에 대한 세금은 화북에서는 인두세와 토지세가 혼용되었고, 강남에서는 남송의 양세법이 계속 적용되었다. 원조는 토지소유에 대해 대체로 방임적인 정책을 취해 토지세의 징세는 재지 유력자와 서리에게 청부하여 실시하였다. 또한 원대는 백성들에게 요역을 부담시킬 때, 다양한 직업별 호적을 만들고 각각을 세습신분으로

서 특별한 요역을 담당케 하였다. 대다수를 차지한 것은 민호民戶로 징세 사무 등을 담당하였다. 그 외에 군역을 담당하는 군호軍戶, 역참의 유지를 담당하는 참호站戶, 무기를 제작한 장호匠戶, 고리대업을 담당하는 오르톡호 등 80종에 이르는 민적이 만들어졌다. 그러한 세습적 직업신분에 의한 지배 또한 주목할 만한 원대의 특색이다.

명의 건국

몽골의 중국지배는 1330년 무렵부터 동요되기 시작했다. 당시는 유럽에서도 흉작과 기근, 페스트가 유행하여 인구가 격감한 시기였다. 그 원인이 되었던 이상기온은 중국에도 영향을 미쳐 심각한 기근을 가져왔다. 후에 명 태조가 된 주원장朱元璋은 현재의 안후이성安徽省 북부 화이허 강 근처의 가난한 농가에서 태어나 유랑생활을 하였다. 그는 홍건紅巾의 난[5]에 뛰어들어 점차 두각을 나타내기 시작하였다. 저장성浙江省 동부 출신의 유학자들과 연결하여 라이벌인 여러 집단을 제압하며 백련교를 미신적 사교라 하여 손을 끊고 1368년 응천부應天府(지금의 난징)에서 황제에 오르고 국호를 명이라 했다(홍무제). 명군은 같은 해 대도를 점령하여 원조 황실을 북방으로 몰아내고, 중국 전토를 거의 통일하였다.

빈농에서 입신출세한 주원장이 부호와 부정한 관리들에게 엄격한 태도를 취한 것은 하나의 특징이다. 예를 들면, 양쯔 강 델타의

5_ 불교 일파인 백련교도가 이 세상에 미륵불이 강림하여 세상을 구제한다고 믿고 일으킨 반란.

부호층을 빈농지대로 이주시켜 간척사업에 종사하게 하고 대토지를 몰수하거나 부정한 관리를 극형에 처하는 등의 정책을 취했다. 동시에 백성 한 사람 한 사람을 직접 파악하기 위해 전국적인 인구조사·토지조사를 실시하고 그에 기초하여 이갑제里甲制[6]를 정하였다. 리里에는 노인老人 직을 두어 간단한 재판을 맡게 하고 홍무제가 만든 가르침을 제창하여 민중을 교화시키기도 하였다. 요컨대 원조의 자유방임적인 정책 아래서 빈농을 희생시키고 그 위에서 번영을 구가하던 도시 중심의 사회경제에 대하여 홍무제는 강력하게 단속하는 정책을 취했다.

주원장은 즉위 후 몇 차례의 대규모 의옥疑獄을 일으켰다. 공인空印의 옥獄에서는 재정보고서의 부정을 구실 삼아 수천 명의 지방관을 처형하거나 좌천시켰고, 원대부터 군정軍政·민정民政과 관련하여 큰 권력을 장악하고 있던 행중서성을 폐지하였다. 그리고 각 성에는 행정을 담당하는 포정사사布政使司, 감찰·재판을 담당하는 안찰사사按察使司, 군사를 담당하는 도지휘사사都指揮使司의 세 관청을 둠으로써 지방관의 권한을 분산시켰다. 또 '호유용胡惟庸의 옥'에서는 승상(중서성의 장관)이었던 호유용이 모반을 꾀하여 일본과 몽골에 사절을 보내는 일에 가담하였다는 죄상을 들어 처벌하였다. 이 사건으로 처벌당한 사람만 15000명에 달하였다. 사건 이후 중서성은 폐지되었고, 중서성에 속해 있던 6부는 황제에 직속되었다. 이처럼 홍무제는 숙청을 통해 권력을 황제에게 집중시킬 수 있었다.

---

6 110호를 1리里로 하고 1리에 부유한 자 10호를 이장호里長戶, 나머지는 갑수호甲首戶라 하고 매년 이장 1호와 갑수호 10호로 조직해서 세금 독촉과 범죄자 연행 등 리에서의 사무를 담당하는 제도.

명왕조와 주변 지역

중국 역사학계에서는 주원장이 몽골족의 원조를 북방으로 쫓아내고 새로운 왕조를 세웠기 때문에 그를 '민족해방투쟁'의 영웅으로 평가하는 견해도 강하였다. 그러나 실제로 주원장이 한인만을 정통적인 정권담당자로 삼는 배외적인 화이사상을 가지고 있었던 것은 아니다. 주원장의 브레인이라고 할 유학자들은 과거와 하늘에 지내는 제사, 율령편찬 같은 중화왕조적인 제도를 부활시키는 데 힘썼지만, 한편으로는 군호軍戶와 장호匠戶 등 민적에 따른 직업의 고정화와 지폐 발행 등 원나라 제도를 답습하는 부분도 적지 않았다.

명대에 들어와서도 모든 몽골인과 서역 출신자들이 북방과 서방으로 돌아갔던 것은 아니다. 특히 화북에서는 원대의 상황이 이어져 다민족적인 사회가 지속되었다. 명조 정권의 기반이었던 화중·화남과 북방사회를 통합하는 것은 명초의 중요한 과제이기도 하였다. 주원장은 양쯔 강 남쪽의 난징南京을 수도로 삼았다. 그런데 재정적으로 보나[7] 과거로 등용되는 인재의 관점에서 보나 명조의 기반은 양쯔 강 유역 이남, 즉 강남지방이었기 때문에 남북간에 균형이 깨지는 문제가 발생하였다. 인재의 분포와 재정 수입이 모두 남쪽에 치우쳐 있다 보니 몽골 등 북방민족에 대한 위협에 충분히 대처할 수 없다는 위험성도 있었다. 홍무제는 과거에서 남방 출신의 합격자 수를 제한하고 화북 출신자를 발탁하는 데

7_ 명 초에는 남직예南直隸(현재의 장쑤성, 안후이성), 저장浙江, 장난江南, 후광湖廣의 양쯔 강 유역 4개 성에서 거둔 세금이 과반수 이상을 차지하였다.

힘을 기울이고, 그 밖에 자신의 자식들 중 나이 많은 왕자를 시안西安, 타이위엔太原, 베이핑北平[8]의 왕으로 봉하여 북방 통치의 충실을 도모하였다. 이러한 왕들 가운데 가장 유능하고 무용이 뛰어난 인물로 평가받은 왕은 베이핑에 봉해진 넷째 아들 연왕燕王이었다. 그는 원의 대도 시대 때 여러 민족이 섞여 사는 분위기가 남아 있던 베이핑에서 일류 무장들에게 단련을 받아가며 몽골에 대비한 군사훈련으로 세월을 보내고 있었다.

한편, 홍무제가 죽자 황위를 계승한 건문제[9]는 학자풍의 이상주의자였는데, 저장성浙江省 출신의 유명한 방효유方孝孺를 브레인으로 삼아 유학경전에 따라 형벌을 완화시키고, 조세를 경감하는 내용의 정책을 하나씩 실행해 나갔다. 베이핑을 거점으로 삼은 연왕 세력이 군사적 색채가 강하고 다민족적 사회에 기반을 두어 원을 계승하는 성격이 강했다면, 난징의 건문제는 남방 출신의 학자를 기반으로 하는 문인적·순한문화적純漢文化的 색채를 띠고 있었다고 할 수 있다.

황제 자리를 탐내어 야심을 품고 있던 연왕과 연왕 세력을 약화시켜 중앙집권을 꾀하고자 한 건문제와의 사이에 긴장감이 높아졌다. 1399년 연왕이 모반을 꾀했다는 이유로 체포령이 떨어지자 연왕은 이에 대항하여 병사를 일으키니 4년간 계속된 '정난靖難의 변變'의 시작이었다. 연왕 휘하로는 난징 정권에 불만을 품고 있던 몽골인 기병집단 등이 속속 모여들었다. 병력을 증강시킨 연왕은

8_ 베이징을 말하는데 당시는 수도가 아니었으므로 베이핑이라 불렀다.

9_ 홍무제 장남의 아들. 황태자였던 장남이 일찍 죽었기 때문에 손자가 제위를 계승하였다.

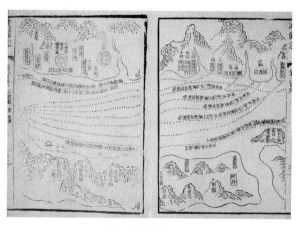
정화의 항해도鄭和航海圖

남하하여 1402년에 난징을 점령하고 황제에 올랐다. 그가 영락제永
樂帝다.

영락제는 베이핑을 수도로 삼아 베이징이라고 부르고, 원의 대도
에서 조금 남쪽으로 떨어진 곳에 새로이 수도를 건설하였다. 그러
나 난징에도 베이징에 준하는 중앙관제를 두니, 베이징과 난징은
두 개의 중심이 되어 명제국 통치의 두 핵을 이루게 되었다.

영락제는 내정에 중점을 두었던 홍무제와는 달리 적극적으로
대외진출을 시도하였다.

먼저 북방으로는 몽골 고원을 원정하여 원조의 후예인 몽골족과
그 서방에 위치한 오이라트와의 패권 경쟁에 개입하여 명의 세력을
확대하는 데 어느 정도 성공을 거두었다. 또한 동북에서는 여진족
의 수장들에게 무관직을 주어 휘하로 끌어들이고, 환관 이시하를
파견하여 연해주로까지 세력을 넓혔다. 한편, 남방으로는 베트남
북부를 일시 점령하였을 뿐 아니라 정화鄭和[10]를 시켜 남해원정을

실시하였다. 정화의 원정은 30년 동안 총 일곱 차례에 걸쳐 이루어졌는데 동남아시아에서 인도, 나아가 페르시아 연안, 아라비아 반도에서 아프리카 동단에 이르렀다. 이 항해를 통해 인도양 연안의 십수 개 국이 명나라에 조공사절을 보내었고, 남해에 대한 중국인의 지식도 증대되었다.

이시하와 정화의 예에서 알 수 있듯이 영락제는 환관과 한인 이외의 사람들을 많이 활용하였다. 이는 원대의 분위기가 남아 있던 베이핑에서 청년 시절을 보낸 영락제의 발상이, 환관에 대한 유학적인 멸시나 비한족에 대한 편견이 없었던 것과도 관계가 있음을 말해 준다. 그러나 이렇게 환관을 중시한 결과, 이후의 명대 정치에서는 환관의 전횡으로 종종 혼란이 일어나기도 하였다.

송·원대의 동아시아 세계에서는 조공이라는 국가간의 정식관계보다는 민간상업에 기초한 교역이 성행하였다. 이에 비해 명대는 민간의 해외무역을 금지시키고, 조공무역으로 일원화하고자 하는 정부에 의해 엄격한 대외관리정책이 실시되었다는 데 특징이 있다. 원 말부터 동아시아의 해상질서가 혼란스러워지면서 왜구로 불리는 해적집단이 동아시아 해역에 자주 출몰하고 있었다. 홍무제의 과제 중 하나는 반명세력과도 결탁할지 모를 이들 해적집단을 단속하여 해상질서를 회복하는 것이었다. 동시에 명의 신정권에 대해 주변 여러 나라들로부터 지지를 받을 필요도 있었다. 따라서 홍무제에서 영락제에 이르는 시대는 주변 여러 나라에게 조공을 적극적으로 권유하였다. 그 결과 명에 조공하는 국가가 늘어나

10_ 윈난雲南의 가난한 무슬림 가정에서 태어난 그는 환관이 되어 영락제를 섬기면서 재능을 인정받아 남해원정의 지도관으로 발탁되었다.

남북조를 통일한 아시카가足利 정권 하의 일본도, 왜구 토벌로 대두한 이성계가 고려를 대체하여 건국한 조선왕조도 명에 조공을 하고 책봉을 받게 되었다.

이처럼 영락제 시대에 명의 영토와 조공관계는 크게 확대되었다. 그러나 이러한 확장정책은 그의 사후 '토목의 변'[11]을 계기로 해서 바뀌어 명제국은 주변 지역에 대해 오히려 방어 태세로 되돌아갔다. 대몽골정책을 수비 중심으로 전환한 명은 장성을 보수하여 동쪽 산하이관山海關에서 서쪽 자위관嘉峪關에 이르는 5000km의 장성을 쌓았다. 남양 방면으로도 홍무제 이후의 해금정책이 제도적으로 유지되면서 명제국은 대외적으로 폐쇄성이 강화되었다. 이러한 명체제가 국제정세의 변동에 따라 흔들리게 된 것은 16세기였다.

11_ 1449년 오이라트와의 전투에 출격한 황제가 베이징 북쪽의 토목보土木堡에서 체포된 사건.

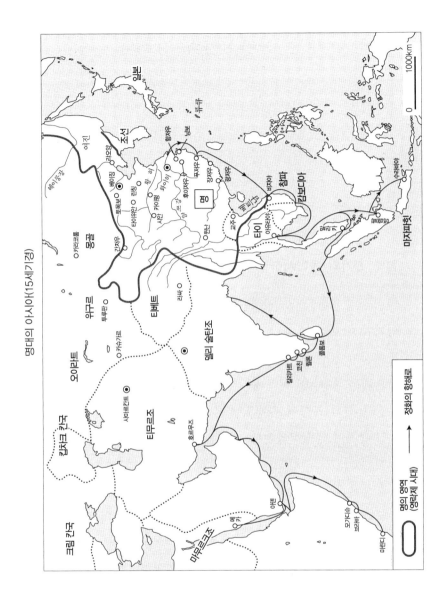

명대의 아시아(15세기경)

크림 칸국

킵차크 칸국

오이라트

몽골

위구르

티베트

조선

일본

류큐

명

황허

베이징

랴오양

양쯔강

난징

항저우

광저우

타이완

원난

명의 영역
(영락제 시대)

→ 정화의 항해로

하미

투루판

카슈가르

사마르칸트

델리 술탄조

티무르조

마무르크조

메카

메디나

아덴

모가디슈

멜린디

호르무즈

캘리컷

퀼론

콜롬보

실론

몸바사

수마트라

자바

믈라카

팔렘방

말라바르

캄보디아

참파

타이

아유타야

말레이반도

마자파힛

제8장 / 명말 동아시아와 청조의 성립

명대 전기의 동아시아·동남아시아

명의 조공체제는 엄격한 해금, 즉 민간의 해상교역 금지를 동반하였지만 이 시기의 해상교역이 활발하지 않았던 것은 아니다. 당시 동아시아·동남아시아 무역의 연결점으로서 번영을 누린 국가로 동쪽에는 류큐琉球, 서쪽에는 말라카가 있었다. 14세기 류큐에서는 수장들 간의 통합이 진행되어 중산中山·산남山南·산북山北으로 불리는 3세력이 성장하였는데, 15세기 초기 중산왕의 자리를 탈취한 쇼하시尙巴志가 3세력을 통일하였다.

동중국과 남중국을 연결하는 지리적 위치를 이용하여 류큐는 중국과 동남아시아, 조선과 일본을 연결하는 교역의 중심이 되었다.[1] 류큐인이 스스로 해외교역 활동을 담당하였던 것에 비하여, 말라카는 말라카 해협의 거의 중앙에 위치한다는 지리적 잇점을 이용하여 벵갈만·인도양·남중국해·자바해 등 여러 지역의 상선을

1_ 류큐의 조공 횟수는 171회로, 명에 조공하는 나라 가운데 제일 많았다.

끌어들이는 항구로서 번영하였다. 말라카에는 서아시아 출신의 많은 무슬림 상인이 살고 있었으며, 말라카왕 자신도 15세기 중반에는 이슬람으로 개종하였다.

명과 조선, 일본이 조공관계로 묶인 것은 15세기 초, 영락제 즉위 후였다. 14세기 후반에는 조선이나 일본 모두 국내의 대립으로 정국이 계속 불안하였으나, 1392년 조선에서는 이성계가 고려왕으로부터 왕위를 이어받고, 일본에서도 남북조가 통일되어 정권이 안정되어 갔다. 영락제 즉위 초기에는 정권의 정당성을 인정받기 위해 적극적인 외교정책을 취하여 아시카가 요시미쓰足利義滿가 '일본국왕'으로 봉해지면서 감합勘合[2]을 획득하였다. 이성계의 아들 이방원도 조선국왕의 지위를 정식으로 인정받았다. 이로써 명과 조선·일본 사이에는 정식관계가 맺어졌다.

영락제는 북방과도 적극적으로 조공관계를 맺었다. 북방 여진에 대해서는 수장들에게 무관직을 주고, 일종의 무역허가증인 칙서를 부여하여 조공을 하게 하였다. 몽골·오이라트도 명과 조공관계를 맺었다. 오이라트는 명과 티무르 제국을 연결하는 무역에서 이익을 얻기 위해 조공무역에 힘을 쏟았고 무역의 확대를 요구하며 명에 압력을 가했다. 토목의 변은 그 결과 일어난 것이었다.

이와 같이 15세기 동아시아·동남아시아에서는 영락제 시기에 형성된 국제질서 하에 조공무역을 기본으로 하는 교역이 이루어졌다. 동남아시아에서는 명의 조공관계라는 그늘 아래에서 소규모 교역국가도 활발하게 활동할 수 있었고, 후추·향신료 같은 독자적

2_ 조공무역을 위한 증명서.

인 주력 상품을 갖고 있기도 하여 '교역의 시대'라고도 불리는 무역의 융성기를 누렸다. 이에 비해 독자적인 상품을 갖지 못하고 명의 상품에 의존할 수밖에 없었던 북방 유목민들에게 조공제도는 명나라 상품의 공급을 제약하는 틀이 되어 무역 확대를 요구하며 명을 반복적으로 침입하기도 하였다. 이와 같은 15세기의 조공질서의 규제 틀이 교역의 붐 속에서 붕괴된 것은 16세기였다.

북로남왜北虜南倭의 시대

16세기에 들어 명이 안고 있던 최대의 문제는 북로남왜[3]였다. 명의 관료 가운데 변경 문제 전문가였던 정효鄭曉는 『황명사이고皇明四夷考』(1564)에서 "옛말에 외이外夷가 중화에 들어왔으나 지금은 화인華人이 외이로 들어간다"라고 말하였다. 즉, 과거의 변경문제는 이적이 중국에 침입해 들어오는 것이었지만, 명대 당시의 변경문제는 중국인이 이적의 세계로 들어가 이적과 함께 새로운 군사세력을 만드는 것이라는 점이었다. 정효는 '북로'에 대해서나 '남왜'에 대해서나 단순한 이민족의 침입이 아니라, 그 지역에서 중국인과 주변 민족이 뒤섞여 변경사회를 형성하고 있다는 사실에 주목했던 것이다.

이러한 변경사회의 형성은 북방 변경과 동남 변경에서 16세기 전반부터 시작되고 있다. 장성이 정비되면서 북방에는 '구변진九邊鎭'으로 불리는 9개의 군사관할구가 설치되고 각 지역에 몇 만의 군대가 주둔하게 되자 군수물자가 대량으로 투하되었다. 1530년대

---

3 북로北虜는 몽골 침략을 가리키고, 남왜南倭는 동남 연안의 왜구를 가리킨다.

에는 몽골 알탄altan이 세력을 확장하고 종종 명에 침입해 들어와 물자를 약탈해 갔을 뿐 아니라 한인들을 끌고 갔다. 그 외에도 군수물자의 징발로 괴로워하는 농민, 사교로 탄압받고 있던 백련교도, 나아가 자신들에 대한 대우에 불만을 품고 있던 군인 병사 등이 자발적으로 장성을 넘어 알탄의 지배 하로 들어가는 일도 많아졌다. 이들 한인들은 알탄의 비호를 받으며 토지를 개척하고 한인 거주구를 형성하여 장성 밖에 중국식 성벽도시를 만들었다.[4] 명나라에서 도망쳐온 군인들의 협조를 받은 알탄은 매년 장성을 넘어와 약탈을 반복하였고 1550년에는 베이징까지 들어와 8일 동안 베이징성을 포위하기도 하였다.

이러한 상황 하에서 북방의 군사비는 늘어만 갔다. 매년 은으로 세금을 납부하던 중국 내지에서는 은 부족이 심각하였다. 이에 비해 당시 아메리카 대륙의 포토시Potosi 은광 개발과 일본의 은 증산[5]으로 세계의 은생산량은 폭발적으로 증가하여, 중국에서는 만성적으로 부족한 은이 해외에서는 남아돌았다. 이렇게 되자 생사 등의 중국 물건과 해외 은화의 교역은 당시 동아시아에서 가장 큰 이익을 가져다주는 무역이 되었다. 그러나 당시는 명이 해금정책을 펴고 있었기 때문에 이러한 무역노선은 밀무역 형태를 띨 수밖에 없었다. 1520년대부터 중국 동남연안에서는 저장浙江의 슈앙위雙嶼와 푸지엔福建, 장저우漳州의 월항月港 등이 밀무역의 거점으

4_ 현재 네이멍구 자치구의 중심도시인 후허하오터呼和浩特(Hohhot)는 이때 만들어진 성벽도시가 기원이 되었다.

5_ 1530년대에 조선으로부터 일본에 회취법灰吹法으로 불리는 은정련법이 들어오면서 일본의 은 생산량은 단번에 증가하여 신대륙의 뒤를 잇는 은생산국이 되었다.

로 등장하였다. 중국·일본 등의 밀무역 상인들뿐만 아니라 당시 동아시아에 진출해 있던 포르투갈 상인 등도 중일무역에 참가하였다. 그들은 명나라 관헌의 단속에 대항하기 위해 무장선단을 조직하여 밀무역을 하면서 약탈도 자행하였다. 당시 왜구의 최대 수령은 후이저우徽州 출신의 왕직王直이라는 인물이었다. 『주해도편籌海圖編』이라는 책을 통해 그의 활동상을 보기로 하자.

불우한 젊은 시절을 보냈으나 임협적 성격을 가지고, 장년에 이르러서는 지략과 활발한 기질로 사람들로부터 신뢰를 얻었다. 엽종만葉宗滿·서유학徐惟學·사화謝和·방정조方廷助 등 당시의 젊은 해적들은 모두 그와의 교제를 기뻐하였다. 어느 날 상담하러 와서 말하기를 "중국의 법령은 엄해서 자칫 잘못하면 죄를 저지르게 된다. 그러나 해외에서는 마음껏 날개를 펼칠 수 있으니 좋지 않은가"라고 말하였다. …… 가정 19년(1540), 해금이 아직은 그리 엄하지 않던 시기에 왕직이 엽종만과 함께 광동으로 가서 거함巨艦을 건조하여 유황, 생사 등 금지상품을 싣고 일본과 샴, 서양의 여러 나라들과 교역을 한 지 5~6년 만에 헤아릴 수 없을 정도의 부를 쌓았다. 이인夷人들은 그에게 크게 감복하며 그를 '오봉선주五峰船主'[6]라고 불렀다. 거기에서 서해徐海·진동陳東·엽명葉明 등의 도망자를 끌어들여 장령將領으로 삼고, 돈을 써서 왜의 우두머리 가토다로門多郎·지로次郎·요스케四助·시로四郎 등을 끌어들여 수하 집단으로 삼았다. 또 조카인 왕여현王汝賢과 양자인 왕오王澉를 심복으로 삼았다. …… 그는 사쓰마주薩摩州의 마쓰우라松浦를 거점으로 삼아, 감히 '수도京'로 이름 붙이고 스스로 휘왕徽王이라 칭하였다. 요지의 땅을 지배하고 36개 섬島의 이夷가 모두 지시를 따랐다. 종종 이夷와 한漢의 병사 10여 명을 파견하여 연해지역에서 약탈을 자행하니 수천 리에 걸친 지역이 모두 피해를 입었다. 집이 불타고, 여자들과 재물을 약탈한 것이 몇 만에 달하니 관리와 백성들 가운데 죽거나 빈곤으로 죽은 자도 수만에 이르렀다. 매년 이와 같았지만 관군이 이를 막지 못했다.

북방에서 중국인과 몽골인이 섞여 사는 변경사회가 만들어진 것처럼 해상에서도 중국인과 일본인이 섞여 해상왕국이 형성되고 있었다. 명나라 쪽에서 보면 그들은 명에 반역하는 모반자들이었으나, 밀무역 집단이 섞여 있는 당시 '바다 세계' 쪽에서 생각하면, 왕직과 같은 수령은 그 안에는 대두되는 새로운 국가의 맹아라고 할 수 있을 것이다.

16세기의 '북로남왜'는 단순한 전쟁으로 세상을 황폐하게 만든 것이 아니라 오히려 전시경기와 밀무역의 이익을 낳는 호황지대를 만들어 냈다. 이러한 호황지대가 북방의 장성라인에서 동남연안, 동중국에 이르는 중국 주변부에서 만들어졌다. 중국인과 주변민족을 불문하고 이익을 좇는 사람들이 이 곳에 모여들어 많은 분쟁을 벌이며 격렬하기는 하지만 거대한 이익을 가져오는 시장을 형성했던 것이다. 동아시아의 17세기를 담당한 여러 세력들은 대부분 이러한 시장 속에서 만들어졌던 것이다.

6_ 일본 다네가시마의 철포가 전래되는 내용이 나온 「철포기鐵砲記」에도 포르투갈 배에 동승한 '오봉五峰'이라는 중국인이 기록되어 있다. 이 '오봉'이 왕직으로 보인다.

동아시아의 신흥세력

명의 '북로남왜'의 위기는 1560년 이후 완화되어 갔다. 1560년대 초, 명조는 왜구를 진압하는 데 거의 성공하고 유화정책으로 전환하여 해금을 완화하고 민간의 해상무역을 허락하는 정책전환을 단행하였다. 다만 명은 위험시하고 있던 일본으로의 도항은 허락하지 않았다. 한편, 알탄의 손자가 내분으로 명에 투항해 온 것을 계기로 1571년 명은 몽골과 화의를 맺고 알탄은 순의왕順義王에 봉해졌다. 더욱이 그 해 스페인이 마닐라를 건설하고, 태평양을 횡단하는 갈레온galleon 선이 신대륙으로부터 대량의 은을 동아시아로 들여오게 되었다. 또한, 1557년 마카오 거주권을 얻은 포르투갈도 1570년 무렵부터 나가사키와 마카오를 연결하는 중일무역(일본에서 말하는 이른바 남만무역南蠻貿易)에 나섰다. 이러한 움직임으로 동아시아 교역의 붐은 더욱 과열되고, 무역의 이익을 기반으로 삼은 신흥 군사집단이 항쟁하는 격동의 시대가 시작되었다.

몽골이 명과 화의한 후 다퉁大同·쉬엔푸宣府 등의 국경도시에서는 마시馬市가 개설되어 몽골의 말과 명의 직물·곡물, 냄비鍋 등의 생활용품이 거래되면서 국경지대는 번영을 누렸다. 그러나 16세기 말부터 17세기에 걸쳐 북방교역의 중심이 동쪽의 요동으로 이동하였다. 명의 동북에서는 여진의 수장들에게 칙서를 주어 조공무역을 허락하였는데, 인삼과 모피 등의 교역이 번창하자 유력 수장이 칙서를 모아 이권을 독점하기 위해 다투게 되었다. 그러한 상황에서 요동을 지배하게 된 것이 명의 군벌 이성량李成梁이었다. 그는 명의 총병관이었으나 그가 가진 무력의 기반은 요동에 배치된 명의 군대라기보다는 그가 사적으로 민간에서 모아들이고, 투항한 여진인·조선인·몽골인 가운데서 선발한 직속 군대였다. 그는 이러한 무력을 배경으로 요동 교역에서 부를 축적하여 거의 독립왕국과 같은 세력을 자랑하게 되었다.

여진의 수장 가운데 한 사람이었던 누르하치努爾哈赤(Nurhachi)는 약한 부족에서 나왔지만 인삼과 모피 교역을 지배하며 두각을 나타내고, 이성량을 후원자로 삼아 여진부족의 통일에 나섰다. 이성량은 그에게 명의 무관 지위를 주고, 누르하치가 장악한 특산품 무역에서 이득을 취하면서 그의 통일사업을 원조하였다. 17세기 초 이성량이 실각하자 누르하치 세력은 일시 후퇴하지만 그 사이 누르하치는 명왕조의 권위에 더 이상 의지하지 않고 신흥국가의 건설로 나아갔다. 그는 '문수보살' 신앙에서 유래하는 '만슈滿洲'라는 이름을 자신의 민족이름으로 삼았다. 그리고 자신에게 복속된 여러 집단을 정비하여 8개의 군단으로 이루어진 '팔기八旗'를 편성하고, 몽골문자를 개량하여 만주문자를 만드는 등 독자적인 제도를 정비해 나갔다. 그리고 1616년 누르하치는 칸의 자리를 이어 금국을 건국하였다.[7] 이어 1618년 명과의 대결에 나서서 요동을 제압해 가니 북방 변경에서 명의 최대 위협세력이 되었다.

누르하치가 건국한 금은 북방민족적 전통에 입각하여 부족연합이라고 할 만한 성격을 띤 국가로서 중요 사항은 팔기의 장인 기왕旗王의 합의로 정해졌다. 누르하치 사후 칸의 지위에 오른 홍타이지는 유력한 기왕의 세력을 제어하며 집권화를 꾀함과 동시에 명의 제도

7_ 12세기의 금과 같은 국호지만 보통 '후금'이라 한다.

에 따라 중앙관제를 정비하였다. 이 시기에는 한인 출신 군인·관료와 몽골의 여러 부족들이 차례로 투항해 들어왔는데, 홍타이지皇太極는 이들 군단을 해체시키지 않고 그대로 자신의 직속군에 포함시켜 집권화의 기반으로 삼았다. 1636년 홍타이지는 금을 대신하여 대청大淸이라는 국호를 정하고 황제에 즉위하였다. 즉위의식은 만주인·몽골인·한인이 각각 즉위를 바라는 상주문을 홍타이지에게 올리는 형식으로 거행되었다. '다민족국가'로서의 청조의 기반은 청조가 중국 내지에 진출하기 전인 홍타이지 때 이미 그 틀이 잡혀 있었다고 할 수 있다.

동남 연안에서도 16세기 왕직과 같은 해상세력의 성격을 계승한 군벌이 1630년대에 푸지엔을 중심으로 큰 세력을 구축하고 있었다. 마카오-나가사키와의 무역을 독점하여 막대한 이익을 올리고 있던 포르투갈은 16세기 말 일본의 천주교 탄압과 신흥세력인 네덜란드와 일본 주인선朱印船과의 경쟁으로 차츰 세력을 잃어간다. 한편 그 자리를 대신 차지하려 한 네덜란드는 중국에 거점을 갖고 있지 못했기 때문에 중국 유력상인과의 제휴를 추구하였다. 당시 중국 동남연안에서는 많은 모험적 상인이 선단을 이끌며 항쟁을 반복하고 있었는데 그 중에 두각을 나타냈던 인물이 정지룡鄭芝龍이었다. 그는 일본 히라토平戶에 거점을 확보해 두고 있었고,[8] 타이완에서 네덜란드 상관의 통역을 담당한 적도 있어서 일본 및 네덜란드와도 관계가 깊었다. 라이벌 집단과의 싸움에서 승리하여 세력을 키운 정지룡은 명 조정으로부터 샤먼廈門 제독提督으로 임명을 받고, 네덜

8_ 그가 일본 히라토에서 일본인 여성 다가와 마쓰田川マツ와의 사이에 둔 아들 정성공鄭成功은 후에 청에 대항하는 최대 세력이었다.

란드도 그를 통해 중국상품을 들여오고자 했다. 이렇게 하여 1630 년대 중반 정지룡의 연안지배가 안정되자 그는 자신의 선단을 동원하여 무역을 행하면서 다른 무역상인들에게 세금을 부과하고 이들을 보호하게 되었다. 또 일본의 쇄국과 함께 포르투갈인들의 일본 내항이 금지되자 정지룡과 연결된 네덜란드가 중일무역의 요지를 장악하게 되었다.

명이 멸망한 후 정씨 세력은 타이완에 거점을 두고 청조와 대결을 벌이게 되는데, 만주와 정씨의 두 집단은 명 말 변경교역의 붐 속에서 태어난 쌍둥이 같은 집단이라고 할 수 있다. 둘 사이의 공통점을 정리하면 첫째, 모두 변경의 장거리 상업을 통한 이익을 재정적 기반으로 삼고 그 이익을 둘러싼 항쟁 속에서 성장한 집단이다. 둘째, 그들의 군사력은 명나라 군사력의 일부였던 적도 있으나, 실질적으로는 수령에게 개인적 충성을 바치는 부하들에 의해 뒷받침되고 있었다. 셋째, 수령의 리더십은 전쟁에서 선두에 서서 승리를 거둬온 현실주의적인 판단력과 한 개인의 지도력에 의거한다. 넷째, 여러 민족이 활동하는 지역에서 탄생한 이들 정권은 정권 내부와 그 지배 하에 다양한 민족성을 수용하는 개방성을 띠었다는 것 등이다. 만주왕조와 정씨 세력의 대립에 대해서는 정통적인 북방민족과 한민족의 대항으로 보고 있으나, 이 두 집단의 성격을 잘 살펴보면 거기에는 명대 중국의 남과 북의 변경에서 태어난 상업·군사적 집단의 공통된 특질을 보여준다고 하겠다.

일본을 통일하고 새로운 체제를 수립한 오다織田·도요토미豊臣·도쿠가와德川 등의 여러 정권들 간에도 유사한 특징을 볼 수 있다. 16세기 중반 이후 오다 노부나가織田信長, 뒤이어 도요토미 히데요시

豊臣秀吉는 군사적 실력에 의거하여 통합을 추진해 나가면서, 무역
이익을 중시하여 항구를 지배하고 무역을 보호 통제하며 주요 상품
인 귀금속 광산을 장악하는 등의 정책을 추진했다. 히데요시가
나가사키를 직할지로 삼은 것이나 히데요시와 이에야스가 이와미
石見 은광산 등을 직접 지배한 것, 그리고 이에야스가 이토 왓푸糸割符
법을 제정한 것 등은 번영하는 해외무역에서 독점적 이권을 획득하
려 한 통일정권의 노력으로 볼 수 있다. 일본의 통일정권은 청조와
정씨 세력에 비하면 대외무역 의존도도 그렇게 높지 않았고, 그
정권에 다양한 민족을 포함하고 있지도 않았다. 그러나 펄펄 끓는
도가니처럼 국가의 경계가 애매해져 있던 16세기 동아시아 해역에
서 변경 주권이 여러 민족을 수용하여 확장되어 가는 움직임은
일본의 통일정권에도 역시 영향을 주고 있었다. 일본을 통일한
후 조선, 중국 나아가 남만과 천축(인도)까지 지배 하에 넣고자
했던 히데요시의 조선침략은, 여진을 통일한 후 중국 진출을 목표
로 삼은 누르하치와 홍타이지의 구상처럼 당시 변경정권의 확장지
향을 보인 한 예라고 할 수 있다.

명에서 청으로

이상과 같이 명의 지배는 주변부가 자립적으로 성장하면서 외측에
서부터 붕괴되어 갔는데 명조를 직접 쓰러뜨린 것은 내륙의 가난한
농민을 중심으로 한 반란군이었다.[9] 1640년 전후 이상 기후로 전국

9_ 명말 농민반란의 지도자인 이자성李自成과 장헌충張憲忠은 모두 산시성 동북부의
연안부 출신이다. 1620년대 북방군비의 중심이 랴오둥으로 이동하자 이 지역에서

에 걸쳐 기근이 발생한 결과 반란은 전국적으로 확대되었다. 1644년 이자성이 베이징을 공략하자 명조의 마지막 황제 숭정제崇禎帝가 자살하고 명은 멸망하였다. 당시 장성의 동쪽 끝인 산하이관山海關 밖에서 청군과 싸우고 있던 명의 장군 오삼계吳三桂는 다급한 소식을 듣고 청조와 강화하고 이자성군을 토벌할 목적으로 청군을 중국 본토로 끌어들였다. 청군은 이자성이 도망친 후의 베이징을 점령하고, 청조 황제가 베이징에서 다시 즉위하였다.

청조가 중국 전 지역의 정복에 나서자, 각지에서 명의 황족을 옹립하는 반청활동이 전개되었다. 그러나 대부분은 청군에게 진압되고 1645년 무렵 청군은 거의 전 영토를 점령하였다. 청의 입장에서 볼 때, 최대의 강적은 동남 연안을 근거지로 하는 정지룡과 그의 아들 정성공鄭成功[10] 세력이었다. 정지룡은 곧 청조에 투항하였으나 정성공은 아버지와 달리 저항을 계속하여 동중국해·남중국해 교역을 통해 얻은 풍부한 자금을 재원으로 삼아 한때 양쯔 강을 거슬러 올라가 난징까지 압박하여 청조를 곤란에 빠뜨렸다. 그러는 동안 정씨 부자는 종종 일본의 도쿠가와 막부에 편지를 보내 원군을 요청하였다. 결국 도쿠가와 막부는 원군을 보내지 않았으나 정씨가 갖고 있던 해외와의 연결망은 청조에게도 위협적인 것이었다.

정씨는 청군에게 본토의 거점을 빼앗기자 타이완의 네덜란드

군수물자가 부족하고, 기근도 일어났기 때문에 군대와 빈농이 함께 반란을 일으켰다.

10_ 정씨 부자는 명의 황족을 옹립한 한 반청정권에 참여하였는데, 그때 정성공은 공적을 인정받아 명조 황실의 '주朱'씨 성을 하사 받았다. 때문에 그를 국성야國姓爺(황실의 성을 쓰는 어르신)라고 부른다.

1368	주원장, 명조를 응천부應天府(난징)에 열다(태조 홍무제).
1380	호유용의 옥이 일어나다. 중서성을 폐지하다.
1381	이갑제를 실시하고 부역황책을 만들다. 해외무역 엄금(해금 : ~1567).
1392	이성계, 고려를 멸하고 왕위를 잇다(조선왕조).
1399	연왕, 베이핑에서 거병하다(정난의 역 : ~1402).
1404	명과 일본, 감합무역을 시작하다.
1405	정화의 함대, 동남아시아·인도양 원정을 시작하다(~1433년까지 7회).
1421	영락제, 베이징으로 천도하다.
1429	쇼하시, 류큐의 3산을 통일하다.
1449	서몽골의 오이라트가 강성해져 정통제正統帝를 포위하다(토목의 변).
1530경	일본은이 대량으로 밀수되다(후기왜구).
1540경	'일조편법'을 실시하고 재정을 개혁하다.
1550	몽골군 베이징 포위. '북로남왜' 문제가 심각해지다.
1557	포르투갈, 마카오에 거주권을 획득하다.
1571	명과 몽골의 화의 성립.
1582	마테오 리치, 마카오에 도착하여 중국 포교활동을 시작하다.
1616	누르하치, 여진족을 통합하고 즉위하여 후금국 칸이라 칭하고 팔기제도 정비하다.
1636	홍타이지(태조), 대원전국의 옥쇄를 입수하고 국호를 '청'이라 하다.
1638	청, 이번원을 설치하다.
1644	이자성, 베이징을 공략하여 명이 멸망하다. 오삼계가 청군을 끌어들여 화북에 침입, 청군이 베이징에 입성하여 청은 중국왕조가 되다.
1673	삼번의 난이 일어나다(~1681).
1683	타이완을 거점으로 한 정성공 일족이 평정되다.
1689	청, 러시아와 네르친스크 조약을 맺다.
1697	강희제, 갈단군을 괴멸시키고 외몽골에 청의 패권을 수립하다.
1720	청군, 티베트에 출병하여 준가르 군을 구축하다.
1723	천주교를 금압하다.
1727	러시아와 캬흐타 조약을 체결하다.
1729	옹정제, 『대의각미록』을 반행頒行하다.
1757	서양제국과 광저우에서만 해외무역을 허가하다.
1759	청군, 동투르키스탄을 평정하다.
1793	영국사절 매카트니가 열하熱河에서 건륭제를 알현하다.
1796	백련교의 난이 일어나다(~1801).
1813	아편의 사무역을 금지하다.
1834	영국, 동인도회사의 대중국무역 독점권을 폐지하다.

세력을 쫓아내고 타이완을 점령하여 1680년대 초기까지 대항을 계속하였다. 게다가 1673년에는 오삼계 등의 한인군벌[11]이 삼번三藩의 난을 일으키자 청조는 한때 위험에 빠지기도 하였다. 그러나 청조는 명의 군대를 개편한 녹영군綠營軍의 대우를 개선하는 등 그 지지를 확보하여 삼번의 난을 진압하였다. 또한 중국과의 무역에 의존하는 정씨 세력에 대해 엄격한 해금을 실시하여 재원을 차단하자 1683년 드디어 정씨는 청조에 항복하였다.

11_ 이들은 청조에 항복하여 청의 중국본토 정복을 도와 중국 남부에 세습되는 영토를 받았다.

제9장 / 청조의 평화

청조와 주변 지역

홍타이지 시대에 이미 청조는 다민족국가의 기반을 다져 나갔다. 그때까지 만주뿐이었던 팔기를 만주·몽골·한인 팔기의 3개로 편성하고, 투항해 오는 몽골의 여러 부족집단을 통괄하고 있던 몽골아문은 이번원으로 개조하였다. 그리고 장성 북쪽의 한족농경지역은 직접 통치하고, 내몽골지역은 이번원을 통해 간접 통치하였다. 또 홍타이지 시대에는 조선에게 신하의 예로써 청에 종속할 것을 요구하였으나, 조선이 따르지 않자 침공하여 복속시켰다(병자호란). 이렇게 직접통치, 간접통치, 조공관계의 3박자를 정비한 방식은 중국 본토를 지배하게 된 후 청조 지배구조의 기틀이 되었다.

　　1644년 중국 본토에 들어온 청은 한인 남자에게 변발을 강요하고, 저항운동을 진압하여 1645년에는 거의 전 영토를 제압하였다. 투항한 한인 관료의 적극적인 협력으로 명대의 제도를 거의 답습하는 통치구조가 신속하게 만들어졌다. 과거시험도 재빠르게 실시하고, 명 말에 늘어난 세금을 면제시켜 주는 등 청조의 시책은 대체로 중국의 전통적인 '선정善政'을 모델로 삼은 것이었다. 청조는 한민족의 전통을 적극적으로 채용하였지만, 반면 변발 문제에서 보는 것처럼 한인의 민족적 반감에 대해서는 가차없이 탄압하였다. 이러한 양면성이 청조 정책의 일관된 기조였다.

삼번의 난이 진압되고 타이완의 정씨도 항복한 1680년대는 청조 지배의 확립기였다. 강희제康熙帝(재위 1661~1722)의 치세 아래 내정이 안정된 1680년대는 동아시아 전체로 보자면 16세기 이후의 교역 붐이 막을 내리고 반란도 진정되어 가던 시기였다. 유럽에서도 17세기 중반에는 경제활동이 침체되어 서양사 연구에서는 이를 넓은 의미로 '17세기의 위기'라고 부르기도 하는데, 국제상업이 상대적으로 진정되는 국면은 동아시아에서도 보였다. 이러한 상황이 청조의 안정에 유리하게 작용하였다. 1630년대 일본의 '쇄국'으로 일본 상인의 활동이 중단되고, 유럽 상인의 교역도 감소하는 가운데 동남 연안에서는 중국 상인들이 동남아시아 각지에서 행한 범선(정크선) 무역이 18세기 전반에 걸쳐 번영을 누렸다. 청조 정부가 동남 연안의 안정에 대해 심각한 불안을 가지게 되는 것은 18세기 말 강력한 해적이 남중국 연안에 나타나면서부터였다.

동남 연안이 안정되자 청조 정부의 관심은 내륙 쪽으로 옮겨갔다. 이미 중국을 정복하기 전에 홍타이지는 헤이룽장黑龍江 연안의 주민을 정벌하여 그들로부터 조공을 받고, 내몽골의 차하르察哈爾(현재의 장자커우張家口)를 복속시켰으며, 서쪽으로 나아가 외몽골 동부의 할하Khalkha, 喀爾喀에서도 세력을 떨쳤다. 중국 본토를 정복한 청조가 북방에서 먼저 직면한 강적은 러시아였다. 러시아는 16세기 후반 모피를 구하기 위해 시베리아로 진출하기 시작하여,

17세기 전반에 태평양 연안에 이르고 결국 헤이룽장 연안에 닿았다. 1650년대부터 헤이룽장 연안에서 청과 러시아 사이에 소규모 전투가 시작되었는데, 1685년부터는 전투 양상이 심각해져 알바진 Albazin 등 헤이룽장 연안의 거점을 둘러싸고 공방전이 반복되었다. 양국은 1689년 네르친스크 조약을 체결하여 알군천Argun 川, 額爾古納河, 와이싱안링外興安領을 경계로 양국의 국경을 정하고 도망자 처리 등에 대해서도 합의하였다. 이 조약은 중국이 처음으로 외국과 대등한 입장에서 맺은 조약으로, 회의에서 통역을 담당한 예수회 선교사의 일기에도 유럽식 국제법에 대해 의식하고 있었음이 확인된다. 그러나 청조는 대내적으로는 이 조약을 조공관계의 틀 내에서 처리하였고, 이렇게 애매한 태도를 지속한 채 이 체제는 1860년 베이징 조약에서 정식으로 무효로 되기까지 존속했다.[1]

청과 러시아가 그러한 형태로 관계 수복을 꾀한 배경에는 급속히 세력을 신장시키고 있던 준가르Jungar, 準噶爾라는 존재가 있었다. 홍타이지 시대에 동몽골의 여러 부족이 청조 세력 밑으로 들어온 후에도 오이라트는 자립을 고수하였고, 그 일부인 준가르는 17세기 후반 이후 갈단Galdan, 噶爾丹(1644?~1697)의 통솔 아래 급성장하였다. 갈단은 몽골족 사이에 종교적 권위를 가진 티베트의 달라이 라마[2]의 지지를 받으며, 크림 분지로 지배영역을 확대시킴과 동시

1_ 1727년 캬흐타 조약에서는 국경선이 정해지지 않았던 부분을 결정한 외에 국경지대의 통상에 대한 규정을 정했다.

2_ 티베트 불교는 중국에서 전래된 불교와 민간신앙이 융합된 독특한 불교다. 원조의 지배자들은 티베트 불교를 신앙하였는데 원이 멸망한 후 티베트에서는 황모파黃帽派에 의해 개혁운동이 실시되고 그 교주가 티베트를 지배하게 되었다. 16세기 몽골의 알탄이 황모파 교주에게 '달라이 라마'라는 칭호를 주면서부터 대대

에 동방에서는 할하를 압박하여 청조와 충돌하였다. 강희제가 이끄는 청군과의 전투에서 패한 갈단이 죽은 후에도 준가르는 18세기 전기에 중앙 아시아의 대세력으로 러시아 및 청과 대립하고 있었다. 청러관계가 개선된 배경에는 쌍방 모두 준가르를 견제해야 한다는 커다란 과제가 있었다.

강희제의 사후, 왕위를 이은 옹정제雍正帝(재위 1722~35)와 그 다음의 건륭제(재위 1735~95) 초기에 이르기까지 청조의 가장 중요한 대외문제는 준가르와 그와 관련된 티베트 문제였다. 갈단의 사후에도 준가르는 동투르키스탄을 지배하면서 중앙아시아로의 진출을 도모하였고, 그들의 신앙인 티베트 불교의 본거지인 티베트를 둘러싸고 청조와 다투었다. 1717~19년, 준가르가 티베트를 침공하자 청조는 티베트에 개입하고 그 후 점차 티베트 지배를 강화하였다. 1750년 전후, 청은 티베트의 정쟁政爭을 계기로 주장대신駐藏大臣[3]의 권한을 강화하여 준가르와의 교통을 엄히 금지하고 티베트를 실질적인 지배 하에 넣었다. 청조는 건국 초부터 스스로 티베트 불교의 보호자를 자처하였고, 이 시기 이후 각지에 티베트 불교사원을 세우는 등 불교를 적극 장려하였는데, 그 배경에는 평화주의 티베트 불교를 통해 몽골족을 통제한다는 의도가 있었다.

1750년대에 이르면 준가르는 내분이 일어나 일파인 아무르사나가 청조에 투항한 것을 계기로 1755년 건륭제에 의해 이리가 함락되면서 준가르 제국은 붕괴되었다. 그 후 아무르사나가 청조에

로 이 칭호가 사용되었고, 몽골과 티베트와의 관계도 더욱 강화되었다.

3_ 청조가 파견한 티베트 주재 대신.

반기를 들었지만 평정되고 동투르키스탄 전역은 청조의 지배 하에 들어갔다. 청조는 이 지역을 신장新疆(새로운 영토)이라 불렀다.

청조의 국가구조

청조의 영토는 건륭제 시대에 최대 규모에 이르렀다. 청조의 지배는 몇 종류로 나뉜다. 첫째, 청조의 발상지인 동북지역은 특별행정구역이 되었는데, 펑티엔奉天에 수도 베이징의 중앙관제에 준하는 관제가 설치되고, 펑티엔·지린吉林·헤이룽장의 3 장군이 지역을 나누어 통치하였다. 청 말에 이르기까지 이 지역은 제도상 한인의 입식入植이 금지되었다. 둘째, 18 성이 설치된 중국 본토는 대체로 명대와 같은 지방관제에 의거하여 과거시험에 합격한 관료들을 파견하여 통치했다. 서남의 묘족, 야오족 등의 소수민족 거주지에는 소수민족의 유력자를 '토사土司'로 임명하여 세습통치하게 하였으나 점차 '개토귀류改土歸流(토사를 폐지하고 중앙에서 지방관을 파견)'가 진행되었다. 셋째, 내외몽골·신장·칭하이青海·티베트의 '번부藩部'는 이번원의 관할구역으로, 청조의 감독 하에서 고유한 사회제도를 유지할 수 있었다. 몽골에서는 몽골 왕후가, 신장에서는 투르크계 유력자 '벡'이, 티베트에서는 달라이 라마가 현지 지배자로 존속하였다.

이와 같은 범위를 현재의 중화인민공화국 영토와 비교해 보면, 연해주 등 동북의 북부는 러시아 영토가, 외몽골은 몽골공화국이 되고, 타이완이 중화인민공화국의 지배 밖에 있음을 제외하면 거의 겹친다. 그러나 청조 지배자의 시각에서 보자면 지배지역은 꼭 이 범위에 그치는 것은 아니었다. 조선·류큐처럼 청조에 정기적으로 조공사절을 파견하는 주변 여러 나라, 또 베트남이나 타이처럼 국내에서 분쟁이 일어나 청조의 보증을 필요로 할 때만 조공을 하는 국가들도 현실적으로 지배는 하지 않지만 이념적으로는 천자의 세력 하에 있었다. 또한

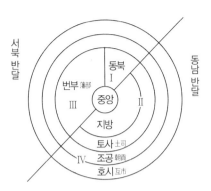

만콜Mark Mancall의 아이덴티티에 따른 청조 통치 개념도. 역대 중국왕조의 특징인 동심원적 지배구조와 동남·서북 분할선이 함께 편성되어 있는 점이 특징이다.

광저우에 내항하는 유럽의 선박처럼 조공이 아니라 무역만을 행하는 외국(호시互市 국가)도 청조의 시각에서 보면 천자의 덕을 흠모하여 오는 것이었기에 잠재적인 지배관계의 틀 속에서 인식하였다. 이 '조공'과 '호시'의 국가를 네 번째라고 할 수 있다.

역대 중국왕조와 비교해 보면, 청조는 직할 영토와 조공국이라는 제2, 제4의 영역에 대해서는 역대 왕조의 지배구조를 이어받았다. 여기서 청조 황제는 중화제국의 황제로서 지배하였다. 한편 청조는 제1과 제3의 영역, 즉 청조 황제가 북방·서방 민족에 대해 칸汗으로서 지배하는 영역을 가지고 있는 것이 특색이었다. 다시 말하면 청조의 황제는 중화 황제로서의 얼굴과 북방·서방 민족의 칸의 얼굴이라는 두 개의 얼굴을 가지고 있었던 것이다.

강희제는 뛰어난 능력과 노력으로 이 두 측면을 통합시킨 인물이다. 그는 거의 매년 가을에 내몽골 수렵장에 가서 몽골의 왕들과 몰이사냥을 하며 군사기술을 닦았다. 18세기 초기에는 열하 별궁

청의 최대 영역

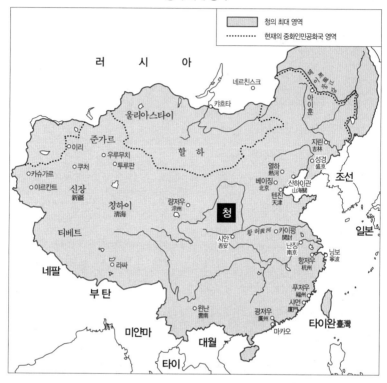

(피서산장)이 만들어져 매년 여름부터 가을까지 몇 달 동안 베이징을 떠나 열하에서 보냈다. 또 청조 황제는 열하에 설치된 몽골식 텐트에서 여러 왕들과 각국의 조공사절을 맞이하는 것은 관례가 되었다. 한편, 베이징에 머물고 있을 때의 강희제는 학자들에게 유학을 강의하게 하고 수시로 질문을 하기 위해 자금성 내의 남서방南書房에 학자를 당직시키는 등, 유학을 좋아하는 중국풍 천자로서도 모범적인 모습을 보여주었다. 그는 주자학을 중시하고, 또 『강희자전康熙字典』, 『고금도서집성古今圖書集成』 등의 편찬에서도 중

국 전통 학문의 강력한 후원자로 행동하였다.

강희제는 항상 한민족 통치의 어려움에 경계의 끈을 늦추지 않았고, 신뢰할 수 있는 신하를 시켜 계속 한인의 동정을 체크하였다. 그는 청조를 비방한다는 명목으로 '문자의 옥'을 일으켜 한인 지식인들을 탄압하기도 하였다. 그러나 동시에 만주·몽골적인 부족적 사회구조를 넘어 황제 개인에게 권력을 집중시키기 위해 중국적인 제도와 사고를 적극 채용하였다. 한자문화에도 동화되지 않고 북방민족의 문화에도 매몰되지 않았던 이러한 다면성이 청조 특유의 독재적인 황제권력을 가능케 하였다고 할 것이다.

화이의식의 전개

청조는 이른바 '중화'와 '이적'의 두 측면을 의식적으로 운용하면서 대제국을 이룩하였다. 그렇다면 이러한 청조의 성격을 청조 자신과 또 주변 국가는 어떻게 받아들이고 있었을까?

원래 화이사상은 '중화'와 '이적'을 엄격히 구분하여 '이적'을 배제하고자 하는 배타적인 차별의식도 있고 '이적'이라도 중국의 예를 배우면 중화가 된다는 개방적인 사고방식도 있다는 것에 대해서는 앞에서도 이야기하였다. 명조가 망하고 '이적'인 만주족이 중국을 정복한 명·청 교체의 대사건은 일부 배타적인 화이관에 기초

강희제

한 중국인들에게 반청감정을 폭발시켰다. 만주정권은 이에 대항하여 스스로의 지배를 정당화시키기 위해 화이론의 개방적 측면을 최대한 강조하였다.

한편, 눈을 밖으로 돌려보자. 청조와 같은 이적이 중국을 차지하게 된 것은 주변 민족들에게 자신 자신을 '화華'로 여기게 하는 자존의식을 불어넣어 주었다. 조선·일본·베트남 등의 각 정권은 이전처럼 중국에 조공하고 책봉을 받음으로써 자신의 정당성을 확보하기보다는 스스로를 '중심'으로 보는 이론을 화이론적인 틀 속에서 만들어 나갔다.

먼저, 청조의 화이관을 살펴보자. 강희제의 뒤를 이은 옹정제는 청조 황제가 갖는 '화·이'의 두 측면을 이른바 이론적으로 통일하여 중국적인 사고의 틀 속에서 청조 정권을 정당화하는 이론을 만들어 낸 인물이다. 옹정제가 편찬을 명한 『대의각미록大義覺迷錄』은 '이적' 인 청조를 공격하는 글을 쓴 증정曾靜이라는 하급지식인이 체포되었을 때, 이 사건과 관련하여 황제가 내린 상유와 관료와 증정을 심문·공술한 내용 등을 정리한 것으로 옹정제의 이론을 명쾌하게 보여준다. 옹정제는 다음과 같이 말하고 있다.

> 『서경書經』(유교 경전의 하나)에 "하늘은 차별이 없고 다만 덕이 있는 자만을 돕는다"고 하였다. 덕 있는 자만이 하늘을 따를 수 있다면 하늘이 내 편일 때 출신지에 따라 구별할 수 있는가? 우리 청조는 동쪽에서 일어나 뛰어난 군주가 계속 나타나서 천하를 안정시켰고, 하늘의 은혜를 입어 덕을 넓혀 은혜를 주고, 백성들에게

안정된 생활을 하게 하니, 내외의 사람들이 흠모한 지 이미 100여 년이나 되었다. …… 한·당·송 등의 왕조는 전성기에도 북적北狄과 서융西戎의 침입으로 고통을 받았으나 그들의 토지를 정복하지 못하였기 때문에 화이의 구분을 세우지 않으면 안 되었다. 우리 왕조가 중국의 주인이 되면서부터 천하에 군림하므로 몽골 주변의 여러 민족에 이르기까지 모두 영토로 들어왔다. 이것은 중국 영토가 확장되었다는 것으로, 중국 신민臣民의 행운일진대 어찌 화이·내외의 구분을 논할 것인가?

역서逆書(증정이 청을 비판한 책)에서는 이적을 인류와 다르다 하여 금수처럼 취급하고 있다. 원래 사람과 금수의 차이는 마음에 인의仁義의 있고 없음에 있다. 산속의 야만인이 도덕과 예의를 모른다면 금수와 같을지 모르나, 지금 몽골 48기와 할하 등은 군주를 높이고 윗사람을 존경하며 법을 지키고 도적이 일어나지 않으며 살인사건도 적다. 사기와 물건 훔치는 관습 등도 없으며 부드럽고 온화한 풍속만 있을 뿐이니 이를 어찌 금수라 하겠는가? 종족적인 의미에서 만주족은 확실히 '이夷'이므로, 우리 왕조가 이적이라는 이름을 피하고자 하는 것은 아니다. 맹자가 옛날의 성왕인 순임금도 '동이 사람'이고, 주의 문왕도 '서이西夷 사람'이라고 말하지 않았는가? 여기서 '이'라고 하는 것은 출신지로서 지금의 본적과 같은 것에 지나지 않는다.

위의 옹정제의 이론에는 다음과 같은 특징이 있다고 할 수 있다.

첫째, 유교경전인 『서경書經』과 『맹자孟子』를 끌어들여 유교의 틀 속에서 스스로를 정당화하고 있다. 둘째, 어느 종족 출신이건 어떤 지방 출신이건 덕이 있으면 군주가 되고 인의가 있으면 인간이라고 하면서 종족과 출신지에 따른 고정적 차별을 비판하고 있다. 셋째, 군주가 될 수 있는 조건, 인간이 될 수 있는 조건으로 들고 있는 것은, 만민이 지지하는 통치를 하는가와 윗사람을 존경하고 도적질과 살인 등을 하지 않는 등 종족을 불문한 기본도덕으로 특정 종교나 예의, 의식주 습관 등은 조건이 되지 않는다고 보고 있다. 어떤 사람이건 덕을 갖추고 천명을 받은 청조 황제의 지배를 받아들여 기본적인 도덕질서를 지키고 산다면 그것으로 충분하며, 출신과 습속의 차이에 의해 차별을 해서는 안 된다는 사고방식을 갖고 있었기 때문에 바로 청조는 몽골·티베트·위구르 등의 다양한 민족을 포함한 다민족국가를 유지할 수 있었다고 할 것이다. 이는 상당히 개방적이고 합리적인 사고방식이라고도 할 수 있으나, 거꾸로 보면 덕을 갖추고 천명을 받은 청조 황제의 지배에 반역하여 독자적으로 민족국가를 세우고자 하는 움직임은 결코 용서받지 못할 것이 된다. 옹정제와 같은 사고방식은 '민족자결'의 내셔널리즘과는 대립되는 것임에 주의해야 한다.

이러한 청조의 화이관과 병행하여 17, 18세기의 동아시아 여러 국가에서는 다양한 화이론이 나타나 독자적 아이덴티티가 형성되어 갔다. 조선은 홍타이지 시대에 청조의 침략을 받고 청에 신속臣屬과 조공을 서약하였다. 조선 지식인들로서는 종래 이적으로 간주하여 멸시해 온 여진족에게 굴종을 강요당한 것이 커다란 충격이 아닐 수 없었다. 그 후 명이 망하고 청조가 중국 본토를 정복하자 조선 지식인들 사이에서는 이적의 지배 하에 들어간 중국은 이미 중화가 아니고 조선만이 중화문명의 계승자로서 청조보다 문명적으로 우위에 있다는 소중화사상이 고양되었다. 조선 사람들은 정통유학, 즉 주자학을 철저히 배우고 중화의 예의와 중화의 풍속을 이행하는 데 반해, 청조 사람들은 변발을 하고 통소매 옷을 입고 부끄러움도 모르고 이적의 풍습을 따르고 있다는 관점에서 '중국을 배우기에 부족하다'는 조선의 자존의식이 생겨났다. 중화적 행동 양식을 엄밀하게 따른다는 이 같은 사고방식에 뒷받침되어 유교 의례가 농촌사회의 구석구석까지 침투하고, 양반이라는 사족층의 사회적 위신의 기초가 되었다.

일본에서는 1630년대에 소위 '쇄국'[4]이 실시되었지만, 한편으로 이 시기는 도쿠가와 정권이 독자적인 외교의례를 통해 스스로를 중심에 두는 외교관계를 만들어 내고자 한 시기이기도 했다. 일본 연구자 로날드 토비Ronald Toby는 이러한 일본 중심적인 외교관계를 '일본형 화이질서'라고 불렀다.[5] 조선·류큐의 사절과 나가사키의 네덜란드 상관장 일행을 쇼군이 맞이하여 알현의식을 성대히 연출하는 제도가 시작된 것도 이 때였다. 이국인들의 행렬은 일반 대중의 눈에 띄었고 이는 쇼군의 '국제적'인 위엄과 권위를 널리 알리는 역할을 하였다.

중국이 '이적'인 청조에 굴복하였다는 사실은 조선과 마찬가지로 일본에서도 중국은 이제 중화가 아니라는 사고방식을 낳았다. 풍속이 크게 다르고 학자가 아닌 사무라이가 통치하던 일본에서는

4_ '쇄국'은 1801년 나가사키의 네덜란드 통역사 시즈키 다다오志筑忠雄가 독일인 캠퍼Engelbert Kämpfer(1651~1716)의 『일본지日本志』 일부를 번역할 때, 당시 일본의 외교·무역체제를 표현하는 용어로 사용한 후 계속 쓰이게 되었다. 도쿠가와 시대의 일본은 완전히 쇄국을 한 것이 아니고, 오히려 아시아 여러 나라와의 사이에서 의식적으로 외교관계를 만들어 나갔다는 점에서 '쇄국'이라는 용어의 안이한 사용을 경계하는 의견도 근래 많아지고 있다.

5_ 종래 책봉체제에서 사용되어 온 '국왕'이라는 호칭과는 다른 '일본대군日本大君'이 장군의 외교적인 칭호로서 채용된 것은 '일본형 화이질서'의 형성을 위해 노력한 일례다.

조선처럼 유교적 의례에 입각한 생활의 실천으로 확산되지 않았으나 다른 형태의 일본중심주의가 출현했다. 예를 들면, 예로부터 외국에 복종하지 않았던 '신국神國' 일본이라는 의식과 일본의 권위를 강조하는 관념, 또한 가모노 마부치賀茂眞淵 등의 국학자가 지적한 것처럼 일본은 원래 중국식 도덕 같은 것이 필요치 않는 '좋은 마음'을 가진 국가라는 사고방식 등이다. 즉, 일본에서는 '중화문명'의 중핵을 이룬다고 할 '문' '예'의 관념에 오히려 대항하는 형태로 '일본'의 토지와 역사에 고착한 일본 우월론이 정착되어 갔다.

이상에서 언급한 것처럼 18세기의 청조가 많은 민족을 포함하는 광대한 다민족국가를 형성해 갔던 것에 대해, 조선과 일본에서는 독자의 국가적인 자존의식이 높아져 오히려 16세기와 비교하면 폐쇄성이 강조되었다고 볼 수도 있다. 그러나 이 폐쇄성은 세계에 대한 무지에 기인한 것이 아니라, 16세기에서 17세기 초까지의 활발한 대외교류의 시대를 거친 후 스스로 선택한 자립성이라고도 할 수 있다. 이 시기는 동아시아 여러 지역이 각각 개성 있는 사회를 만들어 나간 시기였다.

제10장 / 근세의 세계와 중국

'근세'의 국가형성

유라시아 동부의 황허 유역과 양쯔 강 등에서 농경문명이 일어난 이래 18세기에 이르기까지 중국은 많은 변화를 거치며 특색 있는 사회를 형성하였다. 우리가 '중국적'이라고 생각하는 특징은 상당히 오랜 시간에 걸쳐 만들어진 것이다. 제10장에서는 18세기 청조 사회를 중심으로 중국 사회의 특징을 정리해 보자. 그와 동시에 세계의 다른 나라들, 예를 들면 유럽인들은 중국의 특징을 무엇으로 보는지 살펴보자. 그들의 견해가 상당히 한쪽으로 치우쳐 있을지 모르지만 유럽인들의 그러한 중국관 속에서 우리는 근세 세계의 다양한 지역에 사는 사람들이 직면한 공통의 과제를 간파할 수도 있을 것이다.

먼저 소제목에 붙은 '근세'라는 용어에 대해 설명을 덧붙여보자. 일본사에서는 보통 '근세'라고 하면 오다 노부나가의 교토 진입 (1568)으로부터 도쿠가와 요시노부德川慶喜의 대정봉환(1867)까지의 300년 간을 가리킨다. 그러나 중국사나 한국사에서는 '근세'가

가리키는 시기가 반드시 일정한 것은 아니다.[1] 여기에서는 '근세'라는 용어를 일본사에서 말하는 '근세'나 유럽사에서 말하는 '근세'초기 근대early modern와 거의 겹쳐지는 16세기부터 18세기까지로 보고자 한다. 물론 이 시기에 각 지역의 국가체제나 사회경제의 존재방식은 크게 차이가 나지만, 다양한 개성을 갖는 여러 지역이 서로 영향을 주고받으며 16세기에서 18세기까지 격동의 리듬을 공유하였다는 면에 주목하면서 '근세'라는 용어를 쓰고자 한다.

16세기부터 18세기의 동아시아 역사를 거시적인 시점에서 조망할 때 우리 눈에 보이는 것은, 16세기의 급격한 팽창과 유동화 속에서 종래의 질서가 붕괴되는 혼란한 가운데 새로운 국가가 탄생하고 17세기에서 18세기에 걸쳐 새로운 질서가 만들어지는 커다란 움직임의 사이클이다. 17세기 초두에 성립된 일본의 도쿠가와 정권도, 같은 17세기 중기에 중국을 점령한 청조 정권도 그러한 속에서 탄생한 동시대적인 산물이다. 더욱 넓은 관점에서 보자면 유럽 절대왕권의 성립도 같은 리듬 안에서 파악할 수 있을 것이다.

청조체제의 특징

청조체제의 특징을 한 마디로 표현한다면 '유연한 전제'[2]라고 할 수 있다. 그렇다면 어떠한 점이 유연하다는 말인가?

1_ 나이토 고난內藤湖南의 송대 이후 근세론과 그를 둘러싼 논쟁에 대해서는 제6장 북방민족의 대두 〈당송변혁의 배경〉 참고.
2_ 이 표현은 오스만 연구자인 스즈키 다다시鈴木董가 오스만 제국의 성격을 표현하면서 사용한 것이다.

첫째로, 여러 소수민족을 포함하는 유연함이다. 『대의각미록大義覺迷錄』으로 대표되는 청조의 기본 방침은 옹정제가 자주 사용한 '일시동인一視同仁', 즉 여러 소수민족을 차별 없이 모두 청조지배 하로 들어오게 하는 것이었다. 여기에 청조의 민족정책과 종교정책을 특징짓는 개방성과 포용력이 있다. 이러한 사고방식은 편협한 민족차별을 부정하는 방향성을 가지면서 동시에 각 민족이 독자적인 정치적 결합을 형성하여 자립하고자 하는 움직임을 억압하는 것이기도 하였다. 덕이 높은 자에 의한 통치는 민족의 차이를 넘어 보편적으로 영향을 미쳐야 하는 것이고 따라서 이를 거스르고 자립하려는 움직임은 반역으로 취급된 것이다. 하나의 민족은 하나의 국가를 수립하여야 한다는 '국민국가' 이념에 의거한 국가 형성이 시작되었던 같은 시기의 유럽 상황과 비교해 보면, 청조국가의 정당성을 지지하는 이념은 반대 방향으로 향하고 있었음을 알 수 있다.

둘째, 시장경제의 전개를 규제하지 않고 그에 적응하고자 하는 유연함이다. 명말 이래 상품경제가 발달하면서 토지매매가 증가하고 몰락 농민들도 늘어만 갔다. 그 가운데 일부 학자들은 토지매매를 규제하거나 균전제와 같이 토지를 분배하는 방식으로 빈부차의 확대를 막아야 한다고 주장하였다. 증정曾靜의 책들도 그러한 통제정책을 주장한 것이었다. 이에 대해 『대의각미록』에서 청조 관료는 황제의 뜻을 받들어 다음과 같이 반박하였다. "예로부터 빈부가 같지 않은 것은 당연한 일이다. 무릇 사람이 근면하고 절약하면 재산을 모을 수 있어 가난한 자도 부유해진다. 부호가 토지를 사모으는 것은 빈민이 스스로 궁핍하여 그 재산을 부호에게 팔아넘기는

데 있다."

여기서 알 수 있는 것은 능력과 노력에 의한 빈부의 차는 당연한 것으로, 그것은 규제해서는 안 된다는 사고방식이다. 명말 이래 상품의 전개는 재정문제와 빈민의 생존을 어떻게 보장할 것인가의 문제를 낳았다. 재정문제와 빈부차이의 확대에 대해 청조는 유동화를 억압하는 것이 아니라 유동화에 효율적으로 대응할 수 있는 제도를 만들어 가는 방향으로 정책을 전개하였다. 세제에 대해서는 여러 종류의 세와 요역을 단일화하여 토지와 인정人丁(성인남자)에게 할당시켜 은으로 지불케 한 명 말의 개혁을 계승하고, 징세제도의 단순화를 도모하고,[3] 토지매매의 성행에 유연하게 대응하고자 했다. 한편, 빈민의 생존보장에 관해서는, 황제가 백성 한사람 한사람의 생활을 보장한다는 이념 아래 곡물창고의 설치나 재해시의 구제정책 등 국가주도의 복지정책을 추진하였다.

대외무역도 치안상 문제가 있는 경우를 제외하고는 명처럼 해금정책을 취하지 않고 민간교역을 용인하였다. 18세기 후반 유럽배의 무역을 광저우 한 지역으로 한정시킨 것을 가지고 쇄국정책처럼 보기도 하지만, 주로 치안상의 이유 때문에 무역 지역을 한정하였을 뿐 무역 그 자체를 제한한 것은 아니었다. 유럽과의 무역량은 그 후 급격히 증가하였다. 중국 내에서도 미곡을 중심으로 하는 상품의 전국적인 자유 유통이 촉진되었다.

3_ 명말인 16세기에 시행된 '일조편법'은 당시까지 요역의 할당법이 복잡하고 불공평한 점이 있었기 때문에 각종 요역을 은납화해서 세稅로 합치고 토지와 인정人丁에 입각하여 기계적으로 할당하는 것이었다. 청조에 들어 18세기 전반에 실시된 '지정병징地丁併徵'에서는 이를 더욱 간단화하여 인정人丁에 할당된 부분을 토지세에 포함시켰다.

셋째, 고정적인 신분제가 아니라 실력에 따른 사회적 유동을 촉진하는 정치체제의 유연함이다. 주대의 세습적인 봉건제도와 진대 이후의 관료에 의한 군현제를 비교하고 그 우열을 평하는 논의는 제정시대를 통하여 끊임없이 계속되어 왔다. 증정의 정치체제론은 전통적인 '봉건'을 비호하는 입장에서 청조의 중앙집권정치를 비판한 것이었는데, 옹정제는 '봉건'론을 시대착오적이라고 비판하며 '군현'을 옹호하였다. 일본의 막부제나 프랑스의 앙시앙레짐 같은 세습적 신분에 기초한 국가구조와 비교하자면, 과거를 통해 관료를 등용하는 청조의 정치체계는 신분에 상관없이 유능한 인재를 발탁하는 기회의 평등성을 목표로 한 것이었다. 동시에 그것은 황제의 의사를 제약하는 특권적 단체와 계층의 존재를 부정하는 극단적인 일원화 체제였다. 옹정제의 글에서는 '대일통大一統', '만물일체萬物一體', '일시동인一視同仁', '중외일가中外一家', '군신일체君臣一體' 등과 같이 계속 일一자가 사용되었다. 여기에서는 위로 황제라는 단일 지배자를 받들고, 관료는 물론 만민이 한 몸처럼 일체화된 정치세계가 이상적인 것이었다. 황제에 대하여 조금이라도 자립한 정치공간을 갖는 것은 허용하지 않았다.

이러한 청조의 자세는 어디에서 나온 것일까? 그 배경으로서 청조정권이 생겨난 환경, 즉 명말 변경이라는 활발한 국제시장 환경을 고려해 볼 필요가 있다.

첫째, 여진·한인·몽골·조선인 들이 함께 거주한 랴오둥遼東 시장이라는 다문화적인 환경에서 성장한 청조 정권은 이미 1644년 중국 본토에 침입하기 전부터 다민족적인 성격을 가지고 있었다. 경쟁하는 여진세력과 명과의 전쟁 속에서 살아남기 위해서는 유능하고 충성심이 있으면 어떤 민족 출신이건 정권 내부로 포용하는 개방성과 유연성을 추구하였던 것이다.

둘째, 그들은 변경교역을 주요 재원으로 성장한 상업집단이었다. 여진족은 수렵·채집 민족으로 알려져 왔으나 그 수렵과 채집은 반드시 자급자족적인 자연경제를 의미하는 것이 아니고, 조선인삼·가죽 같은 국제상품의 입수와 관련되어 있었다. 만주사 연구자인 미타무라 다이쓰케三田村泰助의 말을 빌리자면, 그들은 '상업자본가'적인 재능을 가진 사람들로서 변경시장의 엄격한 경쟁을 통해 단련되었다는 것이다.

셋째, 청조 정권의 군주 리더십은 제도적이라기보다 전쟁의 선두에 서서 승리를 쟁취하여 온 현실주의적 판단력과 지도력이 뒷받침된 것이었다. 실력 있는 독재적인 리더와 그에게 개인적 충성심을 갖는 신하 사이의 전투집단적인 일체감이 청조정권의 응집력을 만들어 간 것이다.

그들의 영토는 동북의 후미진 정권에서 건륭시대의 대판도에 이르기까지 백 수십 년 동안 급격히 확대되었지만, 시장경제를 이용하는 능력, 출신을 묻지 않은 개방적인 사고방식, 실력을 중시하는 엄격한 현실주의, 전투집단적인 일체감이 뒷받침된 강력한 리더십이라는 청조 정권의 특징에는 일관된 것이 있다고 할 것이다. 청조 정권의 이러한 특징은 같은 시기의 다른 신흥세력, 예를 들면 동중국해를 무대로 삼아 해상국가적 세력을 행사한 왜구집단, 해외무역을 통해 축적한 부로 신식무기를 집적하여 일본 통일을 추진한 오다 노부나가와 도요토미 히데요시 정권과 어느 정도 공통된다고 생각한다. 그러나 이들 신흥세력은 17세기 중엽 이후 전환기를 맞는다. 어떤 자는 국제상업 붐의 침체 속에서 도태되고, 어떤 자는 살아남아 국가를 형성하게 되었다. 국가를 만드는 방법은 여러 가지여서, 청조처럼 개방적·유동적·다문화적 성격을 가지면서 대제국을 이룬 예가 있는가 하면 일본처럼 대외관계를 축소시키고 세습적인 신분제도를 근간으로 하는 견고한 사회구조를 만드는 예도 있다. 17세기에서 18세기는 16세기의 상업 붐으로 조성된 혼돈 상황이 정리되고 각 국가가 독자적인 사회체제를 모색해 가는 시기였다.

계몽주의자들이 본 청조 중국

이 문제를 더 큰 세계적인 시야에서 보기로 하자. 16세기 상품경제의 충격으로 크게 흔들린 사회질서를 어떻게 재건할 것인가 하는 과제는 중국이나 동아시아의 범주를 넘어 유럽을 포함한 다양한 지역에 공통된 17~18세기의 국제적인 과제였다. 위에서 이야기한 세 가지 문제와 관련시켜 말한다면, 아래와 같이 정리할 수 있다.

첫째로 민족·국가·종교와 국가통합의 문제. 즉, 국가적 통합을 이루어 갈 때, 국내의 민족적·종교적 다원성을 어떻게 처리해야 할 것인가 하는 문제다. 둘째로 시장경제와 재정의 문제. 16세기 이후 급격히 활발해진 시장의 움직임을 방임해야 할 것인가, 규제해야 할 것인가? 시장경제를 어떻게 규제하여 그로부터 국가건설에 필요한 재원을 흡수할 것인가? 셋째, 정치체제 문제. 16세기는 옛 사회집단이 해체됨과 동시에 새로운 사회집단도 탄생하는 시기였다. 그런데 이들 집단을 어떻게 정리해 나갈 것인가? 군주를 정점에 두고 그에 대항하는 중간집단을 배제한 일원적인 국가질서를 구축할 것인가, 그렇지 않으면 다소 자립성을 가진 단체의 복합이라는 형태로 국가적 통합을 생각할 것인가? 이러한 문제는 옹정제가 직면한 문제였던 동시에 유럽과 일본 등 다른 지역에서도 공유하면서 각각 해답을 모색해 나갔을 것이다.

이러한 문제들을 임시로 '포스트 16세기의 공통문제'라고 부르기로 하자. 이 공통문제에 대한 청조 중국의 해답은 당시 세계에서 모색되고 있던 다양한 해답과 비교해서 어떠한 특색을 갖는지 18세기 프랑스 지식인—특히 계몽주의자로 불린 사람들—의 중국관을 통해 살펴보고자 한다. 유럽에서 중국에 대한 사회이론적인 관심이 나오게 된 것은 18세기 이후였다. 그 배경에는 예수회 선교사[4] 등을 통해 중국의 정치와 사회에 관한 상세 정보가 축적되었고, 유럽의 지식인들 스스로가 사회 형태에 대해 반성과 모색을 하고 있던 사정과도 관련이 있었다.

특히 1720~30년대 옹정제의 치세는 긍정과 부정의 양 측면에서 유럽 지식인들로부터 주목을 받았다. 하나는 이 시기 청조가 단행한 천주교 금지[5]와 옹정제의 정적政敵으로서 박해 당한 황족 가족이 천주교 신자였다는 사실이 선교사들의 보고에서 크게 다루어졌기

4_ 종교개혁의 움직임에 대항하여 1534년에 결성된 예수회는 엄격한 규율 아래 활발한 활동을 보이며 유럽 내외에 가톨릭을 보급하였다. 중국 선교는 일본보다 조금 늦었는데 16세기 말 마카오에 마테오 리치 등 많은 선교사들이 조정 및 지식인들과 연결되면서 적극적으로 포교활동을 벌였다.

5_ 예수회의 포교방식은 중국인의 조상제사 등을 인정한 것이었기 때문에 다른 교파로부터 비난을 받아 교황은 예수회의 포교방법을 부정하였다(1704년). 청나라 측에서는 이에 반발하여 점차 천주교 포교를 금지하는 움직임을 강화시켜 나갔다.

때문이다. 또 하나는 옹정제 치세에 꽁탕생[6]이라는 선교사가 세 차례에 걸쳐 관보(정부 발행 신문)의 기사를 소개하면서, 옹정제의 정치를 칭찬하는 장대한 편지를 써서 청조의 정치형태를 구체적으로 소개한 것이다. 이러한 정보를 바탕으로 프랑스 지식인들은 중국론을 다양하게 전개하였다.

그러면 위에서 언급한 '공통문제'인 세 가지 측면에 입각하여, 청조의 정책이념에 대한 프랑스 지식인의 평가를 개괄하여 보자. 첫째, 민족·종교와 국가통합 문제다. 당시 유럽에서는 국가를 통합할 때 종교적 분쟁을 어떻게 처리할 것인가, 종교적 소수파를 어떻게 처리할 것인가가 절실한 과제였다. 특히 프랑스에서는 옹정제의 천주교 금지와 천주교 신자를 가족으로 가진 황족에 대한 박해를 어떻게 평가할 것인가를 둘러싸고 의견이 엇갈렸다. 예를 들면, 몽테스키외[7]는 옹정제의 천주교도 박해에서 냉혈한 전제정치를 보았던 것에 비해 볼테르[8]와 케네[9]는 유교가 합리적인 종교이며 종교적인 요인에 의한 박해는 드물었다고 주장하였다. 다양한 종교에 대한 청조 황제의 포용력을 지적한 점에서 볼테르와 케네의 생각은 옳았다고 생각한다. 청조 치하에서는 확실히 불교, 티베트 불교, 도교, 이슬람교 등 다양한 종교가 공존하고 있었다. 다만,

---

6_ Cyr Contancin(1670~1723). 꽁탕생 서간은 야자와 도시히코矢澤利彦 번역,『イェズス會士中國書簡集 4』(平凡社, 1973)에 수록되어 있다.

7_ 1689~1755년.『법의 정신』의 저자.

8_ 1694~1778년.『철학서간』등 많은 저작으로 당시의 종교적 불관용과 사회의 불공정을 비판하였다.

9_ 1694~1774년. 중상주의적인 경제규제를 비판하고 경제의 자연적 질서를 중시한 중농주의의 대표론자.

중국 황제의 전제성을 강조한 몽테스키외의 결론이 잘못되었다고
는 단정할 수 없다. 왜냐하면 중국에서의 '종교의 자유'란 사회질서
에 지장을 주지 않는 범위에서 방임된 자유였고, 황제에 대항하는
단체와 개인의 사상과 신조를 견지할 수 있도록 보장해주는 자유는
아니었기 때문이다.

둘째, 경제적인 면을 보자. 꽁탕생의 편지에서는 감세와 식량비
축, 기근 시의 식량 배급과 유민 구제 등 황제가 직접 내린 사회정책
의 예가 많이 보고되었다. 케네 등의 중농학파가 예수회 선교사의
중국 정세 보고를 통해 크게 가르침을 받았다는 사실은 널리 알려
져 있는데, 특히 관심을 모은 것은 우수농가의 표창에서 보이는
것과 같은 농업의 중시였다. 게다가 그러한 농업에 대한 중시가
자급경제를 의미하는 것이 아니라, 농업에 기초한 활발한 국내상
업을 만들어 냈다는 사실에 주목하였다. 나아가 세금은 오직 토지
에만 부과되고 특히 세금의 경감이 위정자의 관심사였다는 점이
다. 중농주의자는 당시 절대왕정의 중상주의 정책에 대하여, 농업
을 경시하고 오직 국제상업에 의지하며 전매와 무거운 세금으로
경제의 자연적 질서를 어지럽히고 있다며 강력히 비판을 가하고
있었기 때문에 이러한 중국의 정책은 꼭 배워야 할 규범으로 간주
하였다.

셋째, 정치체제다. 꽁탕생의 서간 및 그 내용의 많은 부분이 포함
된 뒤 알드Du Halde의 『중화제국전지中華帝國全志』[10]가 유럽의 지식인

10_ 1735년에 파리에서 간행되었다. 예수회선교사의 편지를 함께 정리한 중국에
관한 일종의 백과전서로서 4권으로 구성되었다. 이 책은 프랑스 각층에게 환영을
받았을 뿐 아니라 영어·독어·러시아어 등으로 번역되었다.

들에게 던진 가장 큰 충격은 중국 황제는 관리와 인민을 직접 지배한다는 사실이었다. 관리 한사람 한사람이 올린 상주문을 직접 읽고 그 근무 상황을 파악할 뿐만 아니라, 인민의 생활과 기풍까지 신경쓰는 등 제국의 구석구석을 모두 배려하는 황제. 꽁탕생이 『관보』 기사에 의거하여 그려낸 이러한 황제의 이미지는 계몽주의자들에게 강렬한 인상을 주었다. 몽테스키외는 그렇게 미화된 이미지를 '질서라는 겉모습에 현혹당한' 선교사의 허튼 소리라고 하면서 그 배후에는 구속하지 않지만 자의적인 전제가 있다고 보았다. 절대왕정의 자의적인 정치를 어떻게 제한할 것인지에 관심을 갖고 있던 몽테스키외에게는 황제권력을 제한하는 귀족 같은 중간단체가 없고, 황제의 의지가 직접 말단에까지 미치는 중국 체제는 두려워할 만한 나쁜 사례였다. 한편, 볼테르와 케네는 그러한 전제가 단순히 힘에 의한 지배가 아니라 '부모와 같은 애정' 혹은 '자연법에 따르는 지배'로 중국의 정치체제는 세계에서 유례를 찾아볼 수 없는 우수한 체제라고 주장하였다.

이상 세 가지 측면에 입각하여 프랑스 계몽주의자의 중국관을 소개하였다. 그들의 평가에는 큰 차이가 있지만, 모두 '포스트 16세기의 공동문제'에 답하고자 한 계몽사가들의 진솔한 노력이 담겨 있다고 할 것이다. 당시 유럽에서는 오랜 특권적인 신분제가 해체되고 중앙집권체제가 만들어지고 있었다. 그러한 면에서 보면 이미 춘주전국시대(기원전 770~221)에 세습적인 신분제가 해체되고 송대 이후 과거를 통해 관료가 등용된 중국은 유럽에 비해 훨씬 선진적인 모델을 제공하였다고 할 수 있다. 그러나 동시에 국왕의 전제화를 누르고 신민臣民의 자유를 지키는 제도적인 틀—법적인 권리와 의회제─등이 정비되어 온 것은 유럽 근대의 중요한 한 측면이다. 군주의 자의성을 억누르고 신민의 권리를 지킨다는 관심에서 본다면 중국의 황제정치는 최악의 사례로 간주될 것이다. 계몽주의자들 간의 대립된 중국관은 '근대적 질서'가 아직 형성되지 못한 '근세'에 사람들이 신질서를 모색하고 있던 상황을 반영한 것이다.

그 후 백 년 이상의 시간이 흘러 청 말이 되면 중국의 개혁파 스스로가 청조체제에 대해 엄격한 비판을 가했다. 예를 들면 량치차오梁啓超는 중국의 정치체제를 '무형의 전제', '간접 전제'라 부르며 비판하였다. 그에 따르면, 중국의 정치체제는 전근대 유럽 등의 엄격한 신분제와 비교하면 훨씬 더 자유롭고 평등하였다. 가난한 사람도 부자가 될 기회가 있었고, 서민도 과거를 보면 관료가 될 수 있었다. 그러나 그 때문에 사람들 사이에 자유와 평등을 쟁취하기 위해 싸우려는 기개가 생기지 않았고, 전제적인 황제정치를 변혁하는 운동도 일어나지 않았다는 것이다.

량치차오의 이러한 역설은 우리에게도 시사하는 바가 깊다. '근대성Modernity'을 어떻게 보느냐에 따라 청조사회에 대한 시각도 달라질 것이다. 공동체적·신분제적인 속박에서 해방된 자유, 기회의 평등, 다양한 소수민족을 포함하는 개방성이라는 점에 중점을 두고 보면, 청조 사회체제는 당시 세계에서도 가장 선진적이고 오히려 포스트 모던적인 방향성까지 제시하였다고 볼 수 있다. 그러나 또 한편으로 '근대사회'를 밑으로부터 유지하고 있는 단체적인 결합, 굳건한 권리이념이라는 면을 중시한다면 청대 사회는 그것이 결여된 사회였다고 할 수 있다. 이는 일본의 중국사 연구에서 하나의 논쟁점이 되어, 지금도 연구자들 사이에 견해를 달리하는 청대 사회관이 나오고 있다.

제11장 / 동아시아의 근대

앞의 10장까지는 동아시아 속의 중국사에 대해 설명하였다. 이것은 동아시아가 오랜 역사를 통해 중국을 핵으로 한 하나의 문화권을 만들어 왔기 때문이다. 그러나 19세기가 되면 지구상의 각 지역에서 형성되어 온 각각의 문명권들이 서로 무관할 수 없는 상황이 되었고, 그 곳에서 발생하는 교류와 경쟁 속에서 역사—즉, 세계사—가 형성되어 갔다. 중국의 입장에서 본다면, 그동안 주로 동아시아 세계 속에서 전개되어 온 역사를 이제부터는 전 세계를 배경에 두고 생각해야 하게 된 것이다. 1840년의 아편전쟁은 상징적인 의미에서 그 시작이었다. 본 장에서는 아편전쟁부터 19세기 말까지의 반세기를 중국을 중심으로 한 동아시아가 어떻게 변하면서 세계와 관계를 맺는지를 살펴보기로 하겠다.

아편전쟁을 둘러싼 중국과 세계

먼저, 19세기 전반의 중국과 세계로 눈을 돌려보자.

중국(청조)은 18세기까지 서북 변경을 중국으로 편입시켜 역사상 최대의 영역을 이룩하였다. 청조는 이 광대한 영역 내의 각 지역을 서로 다른 통치방식으로 대응해 왔다. 즉, 실질적 지배 하에 있던 범위에 대해서 청조의 옛 본거지인 동북지방, 몽골·티베트·신장 등의 서북지방, 그리고 한족을 중심으로 한 본토로 나누어 다민족국가답게 다면적인 방법으로—그러나 어디까지나 모두 청조를 중심으로 통치하는 시스템 속에 있다고 사고방식을 가지고—통치하였다(제9장 참조). 동시에 주변에 위치한 국가에 대해서는, 전통적인 화이사상에 기반한 조공체제로 접근하고, 민간무역에 대해서도 조공 이념의 틀을 사용하여 대처하였다. 그것은 어디까지나 중국 황제의 권위가 두루 사방에 미쳐 천하적인 세계를 형성하고 있다는 전통적 관념에 의거한 것이었다. 때문에 18세기 이후 대중국 무역의 확대를 희망하던 영국에 대해서도 기본적으로는 이러한 시스템을 이용한 교역을 인정하였다. 이때의 실제 운용 방법이 '광둥 시스템'이었다.

광둥 시스템이란 처음에는 아시아 지역 내의 무역을 취급하였으나 18세기 후반부터는 유럽과의 무역을 대상으로 삼게 된 것으로서, 영국 동인도회사를 비롯한 외국배의 내항을 광둥 하나의 항구로 한정하고, 거기에 설치한 광둥 13행[1]이라는 특허상인 조합(공행

1_ 이들의 임무는 외국상인의 무역을 청부하거나 대신 세를 거두기도 하고, 서비스를 제공하기도 하는 것이었다.

公行)들과의 교역만을 인정하는 틀이었다. 이 시스템에서는 무역품의 종류와 수량 등을 규제하는 외에 상륙한 상인들에게도 거주와 행동을 엄히 제한하였다. 요컨대 이러한 시스템을 설치하여 대외무역과 관계된 모든 과정을 광둥의 총독, 순무에게 통괄하여 관리하도록 한 것이다. 광둥 시스템은 영국 상인들의 입장에서 보면 극히 부자유스러운 것이었다. 그럼에도 불구하고 이러한 형태의 무역이 18세기부터 19세기에 걸쳐 큰 성장을 보인 것은, 영국에서 중국상품에 대한 요구가 매우 높았기 때문이다. 영국은 이미 산업혁명을 거쳐 기계화 등 기술 혁신의 면에서도 장족의 발전을 보이며 국내의 경제사회구조를 크게 변화시켜 갔다. 게다가 세계의 바다로 나아가 통상교역의 활로를 넓히며 아시아에서는 인도에 거점을 두고 동인도회사를 통해 독점적으로 아시아 무역의 네트워크에 참여하였다. 그러나 아시아 해역을 포함하여 확대되는 무역 네트워크는 중국 측에서 보면 조공체제의 확장으로 인식되었고, 따라서 중국은 영국도 그 범주에서 대처해야 한다고 보았던 것이다.

당시 영국이 중국에서 가장 필요로 했던 것은 차茶였다. 산업혁명을 거치며 도시화가 상당히 진행된 영국인들의 생활에서는 이미 홍차를 마시는 습관이 정착되어 있었다. '차'에 대한 수요가 증대하자 이를 충족시키기 위해 중국에서 대량으로 수입하지 않을 수 없게 되었고, 그 대가로 많은 은을 지불해야 했다.

그러나 19세기에 접어들자 이러한 무역 형태에 아편이 끼어들었다. 동인도회사가 '지방무역상인'으로 불리는 민간 무역상인에게 특허권을 주어 아편무역을 담당하게 하였던 것이다. 1820년대가 되면 영국 내에서 생산량이 늘어난 면포를 추가한 결과, 영국·인도·

1840	6. 아편전쟁 시작, 청국 열세. 8. 따구大沽에서 교섭.
1841	5. 전투 재개. 평영단平英團, 싼위엔리三原里 전쟁. 10. 임칙서林則徐 파직.
1842	8. 난징 조약 조인. 위원魏源, 『해국도지海國圖志』 완성.
1843	7. 영국과 5구통상장정 체결. 10. 후먼자이虎門寨 추가조약 완성.
1844	7. 미국과 망하望廈 조약 체결. 10. 프랑스와 황푸黃埔 조약 체결.
1850	8. 상하이에서 *North China Herold* 발간
1851	태평천국운동 시작. 진티엔춘金田村에서 기의.
1853	3. 태평천국, 난징 점령. 천조전무제도 공포. 증국번曾國藩 상군湘軍 편성.
1856	태평천국 내부 분열 시작. 10. 애로우호 사건, 제2차 아편전쟁 시작.
1857	11. 영국과 프랑스, 광저우 점령.
1858	5. 러시아와 아이훈 조약 조인. 6. 4국과 톈진 조약 조인.
1860	10. 영불연합군 베이징 입성. 원명원 파괴, 베이징 조약 조인.
1861	1. 총리아문 설립. 11. 동치제同治帝 즉위, 서태후, 동태후와 수렴청정. 『상하이신보上海新報』 발간
1862	태평천국군, 상하이 공격 실패. 회군淮軍, 상승군常勝軍과 협력.
1863	상하이 공동조계 설립.
1864	7. 회군淮軍 등 난징 포위, 태평천국 멸망. 『만국공보萬國公報』 발간.
1865	염군捻軍, 허난과 산둥에서 활동(~1868). 9. 상하이에 강남제조국江南製造局 설립.
1868	일본, 메이지 유신.
1871	9. 청일수호조규 조인.
1873	동치제同治帝 친정, 동치중흥.
1874	4. 일본 타이완 출병, 청과 화약 맺고 12월 철수.
1875	1. 동치제 사거, 광서제光緒帝 즉위.
1878	7. 개평광무국開平礦務局 설치.
1882	10. 러시아와 이리 조약 조인.
1884	8. 청불전쟁. 11. 신장성 설치. 12. 조선 갑신정변으로 청일군 출병
1885	6. 프랑스의 베트남 주권 승인.
1886	7. 영국의 미얀마 주권 승인. 11. 톈진에서 『시보時報』 발간.
1888	11. 캉유웨이康有爲, 변법자강 상주.
1889	광서신정光緒新政 시작.
1890	황준헌黃遵憲, 『일본국지日本國志』 발행.
1891	정관응鄭觀應, 『성세위언盛世危言』 발행.
1894	3. 조선 갑오농민전쟁. 8. 청일전쟁 시작. 11. 쑨원, 흥중회興中會 조직.
1895	4. 시모노세키 조약 조인. 5. 캉유웨이, 공거상서公車上書.

중국의 삼국간 무역을 차·면제품·아편에 의해 행하는 '삼각무역'이 완성되었다. 영국은 이렇게 하여 종전처럼 은을 자국에서 내보내지 않고도 차를 손에 넣는 국제적 시스템을 만들었다. 뿐만 아니라 이 시기에는 런던에 국제금융시장이 성립되어 각지의 무역을 전체적으로 결제할 수 있는 시스템이 만들어졌다. 이에 아편을 포함한 삼각무역은 세계무역과 더욱 다각적인 관계를 맺게 되었다. 그러나 같은 상황을 중국의 입장에서 보면 은이 중국에서 빠져나가는 것이었다. 이로 인해 중국 내에서는 은이 부족해져 은가가 올라 '은귀동천銀貴銅賤' 현상이 나타났다. 은귀동천 현상은 결과적으로 사실상의 증세增稅[2] 효과를 가져와 사람들의 생활을 위협하고 국가 재정에도 영향을 미쳤다. 동시에 중국 각 층으로 널리 퍼져나간 아편 흡입 풍조도 정권으로서는 간과할 수 없는 것이었다. 때문에 청조는 아편 금지를 결정하고 임칙서林則徐를 광둥으로 파견하여 아편을 휴대하고 들어오는 것을 금지시키는 조치를 내렸다.[3] 이렇게 보면 아편은 그저 하나의 상품에 지나지 않았으나, 영국을 중심으로 한 세계경제의 전체 구조에 깊이 연결되어 있었기 때문에 이 때 중국이 보여준 '아편 엄금'의 의지는 양국 간에 전쟁을 촉발시키기에 충분한 의미를 갖고 있었다.

2_ 당시의 세금인 전부田賦는 원칙적으로 은으로 납부하였기 때문에 '은귀동천銀貴銅賤' 현상이 일어나자 농민들은 농작물을 팔아 손에 넣은 동전을 보다 불리한 교환비율로 환전해야만 했다.

3_ 아편전쟁의 원인에 대해서는 아편 문제 외에도 광둥 무역을 둘러싼 남방의 이익독점에 대해 청조 중앙이 개입했다는 청조의 주체적 움직임을 인정하는 견해도 있다. 아편전쟁에 이르는 경위에 대해서는 여러 측면에서 이해할 필요가 있다.

아편전쟁 후의 중국사회

1842년 8월, 아편전쟁은 영국의 압도적인 전력 앞에서 중국의 패배로 끝났고, 화평교섭 결과 난징 조약이 조인되었다. 난징 조약 및 그 추가조약, 협정에서는 다음 사항을 결정하였다.

> 광저우, 샤먼, 푸저우, 닝보, 상하이의 5개 항을 개항할 것.[4]
> 공행의 무역독점을 폐지할 것.
> 협정에 의한 관세, 통관세를 설정할 것.
> 항구에 영사를 주재시킬 것.
> 양국 관헌에 의한 문서왕복을 실시할 것.
> 홍콩을 할양할 것.
> 전쟁배상금 2100만 달러를 지불할 것.
> 영사재판권을 설정할 것.
> 5개 항구에 군함을 정박시킬 것.

거기에다 조약에는 일방적인 최혜국 대우 조항도 들어 있었다. 그것은 어떤 국가에 유리한 조항과 대우가 부여될 경우, 최혜국 대우 조항이 규정된 국가도 자동으로 그 항목의 조권과 권한을 부여받는다는 것이다. 때문에 이후 계속하여 중국과 조약을 맺는 미국, 프랑스, 스웨덴, 노르웨이, 벨기에 등이 모두 최혜국 대우 조항을 집어넣고, 다른 나라가 얻은 특권을 자신의 것으로 만들었다. 결국 최혜국 대우 조항을 가진 국가가 증가한다는 것은 국제사회에서 중국이 차지하는 위치가 얼마나 열악한지를 보여준다.

4_ 개항장은 제12장의 지도 참고.

그렇다면 난징 조약이 체결된 후 중국사회에는 어떤 변화가 일어 났을까?

우선 외국과의 조약으로 저관세를 책정한 결과, 외국상품의 수입 이 크게 증가하였다. 특히, 아편에 대해서는 특별한 조처가 취해지 지 않았기 때문에 공공연히 밀수가 계속되었고, 그 대가로 은의 유출이 더욱 심해져 물가 압력이 가중되었다. 또한 배상금의 지불 은 무거운 세금으로 이어져 농촌은 더욱 피폐해졌다. 이 같은 정세 에서 정권의 존립을 위협하는 대규모 반란이 일어난다. 1851년부터 14년 동안 지속된 태평천국太平天國운동이다.

태평천국운동은 광시성廣西省의 산지에서 배상제교拜上帝敎를 창 시한 홍수전洪秀全이 신도들을 결집하여 1851년 청조 타도를 기치로 내걸고 거병하였는데, 참가자가 늘면서 북상하여 1853년에 난징에 들어가 태평천국 정권을 세운 운동이다.[5] 태평천국은 '국가 속의 국가'라고 할 만한 정권으로, 모두 16개 성을 석권하고 600여 개 도시를 손에 넣었다. 최전성기에는 양쯔 강 중류에까지 영향이 미쳤고, 300만 명의 사람이 세력 하에 있었다. 그 사이에 염군捻軍의 운동이 일어나고, 각지에서 항조항량抗租抗糧 운동과 비밀결사의 봉 기 등이 빈발하였다. 이것은 청조의 통치력이 실질적으로 저하되 고 있음을 보여주는 것이었다(지도 참고).

그러나 이러한 '대비상사태'(증국번曾國藩)에 대해 청조는 '장발長髮

5_ '천조전무제도'에 보이는 것처럼 태평천국이 목표로 했던 사회는 "토지가 있으 면 모두 함께 밭을 갈고, 밥이 있으면 모두 함께 먹고, 옷이 있으면 모두 함께 입으며, 돈이 있으면 모두 함께 쓰는" 평등사회였다. 그러나 어느 정도로 실현되었 는가는 의문이다.

태평천국기의 여러 운동

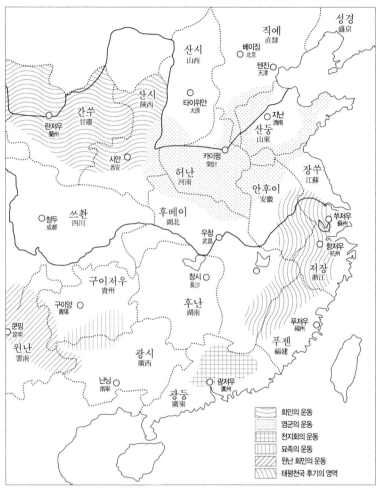

은 심복心腹의 해害'⁶라고 하면서 내란 평정을 가장 중요한 과제로
내세웠다. 하지만 이 단계에서 태평천국에 대항할 수 있는 힘은
청조의 정규군이 아니라 지방을 통괄하며 힘을 키워온 증국번,
이홍장李鴻章, 좌종당左宗棠 같은 각 성의 한인 관료들과 그들이 육성
한 새로운 군사력에 있었다.'⁷ 이러한 면에서도 19세기 후반은 지금
까지 체제를 지탱해온 기축基軸과 기반이 되는 세력이 이제까지와
는 다른 곳으로 변화해 가고 있음을 보여준다. 태평천국은 1864년
상군, 회군, 초군 등에 의해 붕괴되었지만, 국가가 놓인 위기적
상황에서 질서를 회복하는 것은 청조체제 내의 만한滿漢관계의 균
형을 변화시킴으로써 가능해졌다.

　태평천국운동이 수습된 후 체제의 위기를 회피하기 위해 증국번,
이홍장, 좌종당이 중심이 되어 추진한 운동이 양무운동이었다. 이
들은 그동안의 싸움을 통해 근대 병기의 중요성을 인식하고 군의
근대화를 시작으로 다양한 공장의 건설과 탄광, 광산의 개발, 철도
와 통신기관의 설치 등을 추진하였다. 또한 교육사업, 번역과 출판
등도 진행하였다. 새로 생긴 기업에 대해서는 세제상의 우대조치
와 경영의 독점권을 부여하였기 때문에 결과적으로 중국의 초기
공업화가 촉진되어 기업도 어느 정도 발달하였다. 그러나 그 특색

6　태평천국에 참가한 사람들은 변발을 자른 장발이었기 때문에 장발족으로 부르
기도 한다.

7　증국번의 상군湘軍, 이홍장의 회군淮軍, 좌종당의 초군楚軍이 가장 유명하다. 증국
번 등은 군대를 조직화할 때 같은 고향 사람들을 뽑아 단결을 중시하고 엄하게
훈련시켰기 때문에 강한 군대였다. 또한 경비를 충당하기 위해 중요 재원으로
삼은 것이 이금釐金이었다. 이금은 각지 신사의 협조를 구하면서 교통 요충지에서
상품에 부과한 교통세였다.

을 보면, 기업 보호의 방식에 담당자의 입장이 반영되어 지역적 색체가 농후해져 중앙의 통합적인 정책으로 제도화할 수 없었기 때문에 국가 전체의 부로 연결되기가 어려웠다. 뿐만 아니라 역으로 중앙에 대항하는 지방의 힘을 강화시키는 결과를 가져왔다. 이 점이 일본 부국강병책과의 커다란 차이일 것이다. 당시 운동에 관계하였던 사람들 중에 선견지명을 가진 사람들은 그 같은 결함을 지적하고 지금이야말로 나라가 민간기업을 보호하고 공업화를 진행하는 정책을 추진하자고 주장하기도 하였다. 마건충馬建忠, 왕도王韜, 정관응鄭觀應 등이 그들이다. 그런데 보수파의 힘이 강하였던 청조 중앙에서는 이러한 헌책을 받아들이기는커녕 오히려 억압하였고, 그 결과 청일전쟁이 실패로 끝나게 되었다.[8]

동아시아의 근대

당시 대외관계는 어떠하였을까?

아편전쟁에서 패한 중국은 조약체결 이후 서양 제국과의 관계는 오로지 조약체제를 따르기로 하였다.[9] 이를 위해 1861년 대외관계를 담당하는 기관으로 총리각국사무아문總理各國事務衙門(총리아문)

8_ 청일전쟁에 패배한 결과 1894년에 시모노세키 조약이 체결되었다. 시모노세키 조약에서는 조선독립의 승인, 랴오둥 반도·타이완·펑후 섬澎湖島의 할양, 배상금 2억 냥, 최혜국대우의 승인, 개항장과 개시장開市場에서의 제조업 경영 승인 등이 인정되었다(랴오둥 반도는 삼국간섭에 의해 반환되었다).

9_ 예를 들면 1856년의 애로우호 사건을 계기로 제2차 아편전쟁이 일어났는데 그 결과 1858년에는 톈진 조약이, 1860년에는 베이징 조약이 맺어졌다. 여기에는 외국공사의 베이징 상주, 개항장 증가, 관세 실질 5%, 아편무역의 합법화, 배상금 지불 등이 설정되었다.

을 설립하였다. 이것은 기본적으로 중국이 조공체제를 취하면서도 한편으로는 조약체제에도 대응하는 자세를 보여주는 것으로, 자기 변혁의 표현으로 볼 수 있다. 따라서 이 때부터 약 30년에 걸친 청말의 역사는 조공체제와 조약체제가 병존하면서 조공체제가 동요하고 붕괴되어 가는 과정으로 정리할 수 있다. 다만, 그 과정은 구미 열강이 일찍이 중국에 조공하던 나라를 보호화 혹은 식민지화한 결과 중국의 조공체계가 붕괴되었다고 설명할 수 있다. 그렇지 않으면 조공체제 하에 있던 아시아의 여러 국가들이 스스로 근대화와 중국으로부터의 자립화를 추구하면서 어떤 지역은 열강의 도움을 빌리기도 하고 어떤 지역은 열강의 간섭을 끌어들이는 과정으로 볼 수 있다. 이와는 달리 중국과의 조공관계를 이유로 들어 다른 나라의 개입을 막으려 한 경우도 보인다. 이상의 경우는 모두 중국을 중심으로 하는 광범한 중층적 조공관계가 침식당하면서 붕괴되는 과정이었다. 따라서 이하에서는 동아시아, 특히 중국, 조선, 일본의 상호관계를 재검토해 보고자 한다. 그렇게 함으로써 19세기 후반에 커다란 유동성을 보이던 동아시아의 국제관계가 어떻게 이행하는지를 볼 수 있을 것이다.

먼저 일본의 동향에 주목해 보자. 중국이 아편전쟁과 제2차 아편전쟁에서 패한 것은 일본에 많은 영향을 미쳤다. 패배 소식을 전해 들은 시마즈 나리아키라島津齊彬는 "영국과 프랑스 등의 외국은 청국에서 뜻을 이룬 후 일본에도 미칠 것이 틀림없다"고 하면서 조속한 대책 마련이 필요하다고 말하고 있다. 막부도 1862년, 쇄국 이후 220년 만에 중국에 통상선인 센자이마루千歲丸를 보내 무역 사정과 중국 상황을 자세하게 알아보려 하였다. 당시 이 배에 승선하였던 다카쓰기 신사쿠高杉晉作 등 각 번의 무사들은 귀국 후 견문록과 일기 등을 발표하여[10] 일본의 대중국관에도 영향을 미쳤다. 원래 일본은 메이지 유신 이후 자국을 구미 열강에 대항할 수 있는 근대적인 통일국가로 만들기 위해 중국의 조공체제와는 거리를 두는 태도를 취했다. 그리고 식산흥업에 매진하며 유럽과 미국에서 배운 자본주의 경제제도의 도입, 군사공업의 강화, 국내산업의 진흥, 민간기업의 육성 등을 실시하는 동시에 일찍이 막부가 맺은 불평등 조약의 개정을 목표로 삼았다.[11] 반면 아시아에서는 조선에 대해 강한 관심을 드러내어, 이후 처음으로 일본은 중국과 대등한 관계를 구축하고 그로부터 얻은 '종주국과 동등'한 지위를 배경으로 조선에 조약 체결을 압박하고자 기획하였다. 이것이 1871년에 체결된 청일수호조규淸日修好條規의 목적 중 하나였다. 따라서 1876년 강화도조약을 체결할 때 제1조에 '조선국은 자주국'이라 하여 조선이 이미 중국의 조공체계 안에 있지 않다면서 조선과 중국과의 관계에 쐐기를 박았다.

한편 이에 대해 중국은, 이미 몇 개의 조공관계를 상실한 상황에서 이제 조선의 개국을 피할 수 없게 되자, 일본에 의한 독점적 관여를 막기 위해서라도 조선이 다른 나라와-중국의 알선 하에- 관계를 맺는 것이 바람직하다고 보고 조약 체결에 관여하였다. 이러한 방향을 제시한 인물이 이홍장이었다. 그는 시대의 변화를

10_ 다카쓰기高杉는 상하이가 영국과 프랑스 속지처럼 되어 있다는 데 주목하면서 이는 다른 나라 이야기가 아니며 일본은 중국의 전철을 밟아서는 안 된다고 결의하였다고 한다.
11_ 1854년 미일화친조약, 1857년 미일수호통상조약 등, 또 거의 같은 시기 영국, 러시아, 네덜란드, 프랑스 등과도 같은 조약을 맺었다.

감지하고 그 변화를 받아들여 조선이 중국과의 종속관계를 명확히 한 후 조약을 맺도록 하였다. 조미수호통상조약朝美修好通商條約(1882년)은 그 효시였다. 이후 조선에서 무슨 일만 생기면 중국과 일본이 각각 위와 같은 관계를 근거로 들어 개입하고자 하였고, 이에 조선을 둘러싼 양자의 관계는 더욱 심각해져 갔다. 1894년 청일전쟁은 반전의 사건이라고 할 만하다. 청일전쟁에서 패한 중국은 '조선의 독립을 승인함'으로써 이제까지 오랫동안 누려 왔던 동아시아의 종주국 자리를 완전히 잃어버렸다. 뿐만 아니라 중국은 제국주의 시대가 한창인 세계에서 일본을 포함한 세계열강의 진출 목적지가 되었다. 한편, 일본은 이를 계기로 계속 조약을 개정하고 자본주의 국가군에 들어가기 위한 기반을 굳혀 나갔다. 청일전쟁은, 조금 과장해서 표현한다면 조선, 중국, 일본 동아시아 3국의 근대를 결정 짓는 분기점이라고 할 수 있다.

제12장 / 근대중국의 내셔널리즘

일반적으로 근대 중국에서 내셔널리즘의 기점은 19세기 말 청일전쟁(1894~95)으로 보고 있다. 그 이유는 첫째, 청일전쟁에서 패배하여 최후의 조공국이었던 조선을 상실함으로써 오랜 왕조체제 동안 계속된 조공체제와 천하적 세계 시스템에 최종적 일격을 가했기 때문이다. 둘째, 중국은 청일전쟁에서의 패배를 계기로 여러 열강에 의해 한층 심각한 이권획득의 대상이 되어 그야말로 위기 상황에 처하게 되었다. 그럼에도 불구하고 중국은 남겨진 광대한 영역을 현실적으로 유지하고 내적 통일을 유지하면서 압력을 가해오는 서양 제국과 동아시아에서 대두한 일본에 대항하여 한 국가로서 부강을 꾀하고 근대화를 추구해야 하였다. 그러므로 첫째 국가의 위기를 인식하고, 둘째 위기에 처한 나라를 구하려는 간절한 마음이 근대 중국의 내셔널리즘을 낳았던 것이다. 밖으로부터의 힘이 모두 중국을 침식하고, 일본마저 같은 움직임을 보이는 이상 이를 밀어낼 수 있는 힘은 내부로부터 나올 수밖에 없었다. 본장에서는 19세기 말부터 20세기에 걸쳐 명확해지는 근대 중국의 내셔널리즘 형태를 추적하여 어떤 특색을 보이는지를 살펴보고자 한다. 그 태동은 먼저 무술변법에서 나타난다.

무술변법(변법운동)

1898년의 무술년 변법은 종종 양무운동과 세트로 해석되기도 한다. 둘다 19세기 중국의 근대화를 목표로 한 운동이었고, 또 둘다 실패하였다고 평가한다. 양무운동은 '중체서용中體西用'을 기본으로 서구 근대기술을 도입하여 국가의 공업화와 군대의 근대화를 도모하였지만 결국 청일전쟁의 패배로 좌절되고 말았다. 이 상황에서 일어난 변법운동은 양문운동의 한계를 넘어 '중체' 자체를 변혁하고자 하였으나 단기간으로 끝나버리고 신해혁명에 이르는 혁명운동을 초래하였다고 보고 있다. 그러나 최근에는 변법운동이 자각적 국민을 탄생시킨 계기로서, 비록 중화세계 안에서지만 내셔널리즘의 태동을 보여준 것으로 평가되고 있다.[1]

변법운동의 담당자는 캉유웨이康有爲, 량치차오梁啓超, 탄쓰통譚嗣同 등 젊은 관료와 독서인들이었다. 중심 인물인 캉유웨이는 일찍이 청일전쟁이 종결되고 강화교섭이 이루어지고 있을 때 청국과 일본의 강화조건[2]을 알고, 과거시험을 치르기 위해 베이징에 모여 있던 수험자들(거인擧人)들을 불러모아 조약의 부당성, 특히 영토 할양(랴오둥 반도, 타이완, 펑후 섬)이 포함되어 있다는 사실에 항의하여 ① 조약을 거부할 것 ② 수도를 옮겨 철저하게 항전할 것 ③ 자강을 위해 변법을 실행할 것을 내용으로 하는 「공거상서公車上書」[3]

1_ 현 중국에서는 무술년 변법을 현재 진행되는 현대화 건설의 역사적 기점으로 간주한다.

2_ 조선의 독립, 랴오둥 반도·타이완·펑후 섬의 할양, 배상금 2억 냥 지불, 개항장에서의 제조업 허가 등.

3_ 공거公車란 거인을 가리킨다.

를 정리하였다. 그것은 정치체제 자체를 근본적으로 개혁하려는 주장으로 입헌제와 의회제의 채용, 산업진흥, 병제 개혁, 교육제도의 개선 등에 의한 부국강병, 과거 습속의 폐지 등을 제기한 것이었다. 또한 국가는 '열국병립지세列國竝立之勢'(근대적인 국제관계)의 태도를 가져야 하고 '일통수상지세一統垂裳之勢'(천하적 조공체제)[4]를 취해서는 안 된다고 하였다. 「공거상서」는 수리되지 않고 강화조약(시모노세키下關 조약)이 체결되었으나, 국가의 위기를 피하기 위해 투쟁하자는 배일운동은 청일전쟁 후 변법운동으로 이어지게 되었다.

그런데 청일전쟁 후의 운동은 학회와 보관報館(신문사)이 성행하며 전국으로 퍼져나갔다. 나라를 걱정하는 독서인들이 조직을 만들고 신문과 미디어를 통해 자신들의 주장을 확산시켜 나가고자 하였다. 대표적인 것이 강학회强學會였다. 강학회는 1895년 베이징에서 캉유웨이, 원팅스文廷式 등이 결성한 조직으로, 회장은 장즈둥張之洞, 고문은 티몬 리처드였고, 위안스카이도 회원이 되어 재정적 후원을 해주었다. 활동은 주로 출판 선전과 계몽 활동이었고, 『중외신문中外新聞』을 출판하여 외국 사정을 소개하는 외에 『강학보强學報』, 계속하여 『시무보時務報』를 발행하여 변법을 주장하였다. 『시무보』는 량치차오가 주필로 활동하고 황준헌黃遵憲 등이 협력하였다. 이러한 학회와 보관은 그 수가 무려 40여 개를 넘어 사람들에게 공통된 지식, 특히 세상의 큰 흐름과 그에 대한 시각을 제시하였다.

1898년 1월 캉유웨이는 그러한 개혁 방향에 관심과 뜻을 보인

4_ 천하를 통일해서 다스려 천하에 예를 보인다는 의미로, 덕치주의의 천하국가를 뜻한다.

광서제光緖帝에게 이른바 「제6상서第六上書」(통주전국소統籌全局疏)⁵를 상정하였다. 제도국制度局을 설치하는 등 개혁의 종합적인 계획을 볼 수 있는 「제6상서」 제1절에는 다음과 같이 기록되어 있다.

> 오늘날의 세계에서 옛날 방식을 지키고 있는 국가는 모두 분할되거나 망국亡國의 위기에 처해 있습니다. 폴란드처럼 계속 토지와 인민을 약탈 당하여 망한 국가가 있습니다. 미얀마처럼 이권을 빼앗겨 일거에 망해 버린 국가도 있습니다. 베트남처럼 토지인민을 상실하고 나라 이름만 남은 나라도 있습니다. 인도처럼 이권을 빼앗긴 후에 멸망한 나라도 있습니다. 오스만투르크의 지배 하에 있던 이집트처럼 이권을 빼앗긴 후 분열하여 망한 나라도 있습니다. 우리나라는 지금 장사將士도 없고, 병력도 없고, 식량도 없고, 함선도 없고, 무기도 없고, 나라 이름은 있지만 토지, 철도, 기선, 상업, 은행은 적들이 하라는 대로 움직여 그들의 요구대로 약탈 당하게 되어 있습니다. 이는 모양새는 망국이 아니지만 실질적으로 망국이나 다름없습니다. 폐하의 명민함으로 만국의 정세를 관찰하신다면 변혁을 이룬 국가는 보존된 반면 변혁을 이루지 못한 국가는 멸망했고, 또 완전히 변혁한 나라는 강해진 반면 아주 적은 변혁만 이룬 나라는 멸망해 버렸음을 아실 수 있을 것입니다.

이처럼 캉유웨이는 스스로가 파악한 세계 정세를 광서제에게 설명하고 그러한 세계 속의 한 국가로서 '바라옵건대 러시아 피터 대제의 마음을 마음의 스승으로 삼고, 일본 메이지 유신의 정치를 정치의 스승으로 삼아' 중국을 개혁할 것을 제언하였다. 그것은

5_ 전 국면을 종합적으로 규획하기 위한 상소.

혹독한 세계 정세와 여러 나라의 상황, 그 속에서 조국인 중국 또한 위기에 처해 있음을 인식한 것이었다. 이러한 상황에서 나라의 존립을 꾀하고 부강해지기 위해서는 이전과는 다른 방법을 추구해야 한다는 우국憂國의 뜻도 포함되어 있는, 그야말로 당시 내셔널리즘의 태동을 보여주는 것이라 하겠다. 그는 일찍이 동아시아 화이체계의 주변에 위치했던 일본이 변법을 모색하여 성공을 거둔 점을 염두에 두고, 메이지 유신을 모범으로 삼을 것도 제언하고 있다.

개혁은 1898년 6월 황제에 의해 「국시國是의 조詔」로 시작되었다. 그러나 캉유웨이 등이 취한 방법은 오로지 황제의 권위에 의거한 것으로, 변법파 자신의 지지기반이 박약하여 개혁안은 거의 실시되지 못한 채 운동은 100일 만에 끝나고 말았다.

동아시아의 정세와 중국 내셔널리즘

무술변법이 목표로 한 방향은 '실패'로 끝나 버린 것일까? 무술변법 자체는 단기간에 좌절되어 버렸지만 변법의 이념과 계획은 청말의 신정에 그대로 반영되어 신정에서 어느 정도 실현되었다는 점을 간과하지 말아야 한다. 이러한 점에서 양자를 연결하는 여러 개혁안—국민의 참가에 의한 군사력 강화, 부국을 위한 농공업 상업의 진흥, 행정개혁, 과거의 폐지와 교육개혁, 근대적 법체계의 정비에 착수한 점 등—은 근대국가의 건설과 국가를 담당하는 국민의 형성을 시야에 넣은 것으로 시대적 요청에도 부합한 것이었다고 할 수 있다.

1896	1. 캉유웨이, 『강학보』 발간. 6. 러시아에 동청철도부설권.
	8. 량치차오, 『시무보』 발간.
1897	10. 옌푸嚴復 등 『국문보國聞報』 발간. 11. 독일, 쟈오저우만膠州灣 점령.
	12. 러시아, 따롄大連과 뤼순旅順 점령
1898	3. 러시아, 따롄과 뤼순을 조차. 6. 변법유신의 상유. 9. 변법유신 실패.
	7. 경사대학당 설치. 12. 량치차오, 요코하마에서 『청의보請議報』 발간.
1899	9. 미국 대중국 문호개방 제안. 11. 프랑스, 광저우만 조차.
1900	6. 의화단에 대해 8개국 연합군 공동출병.
1901	1. 신정의 조詔. 9. 신축조약(베이징 의정서) 조인.
	11. 위안스카이 직예총독, 북양대신 취임.
1902	1. 영일동맹 조인. 2. 량치차오, 요코하마에서 『신민총보新民叢報』 발간.
	6. 톈진天津, 『대공보大公報』 발간.
1903	5. 추용鄒容, 『혁명군』 출판. 9. 상부商部 설치, 실업진흥.
	11. 황싱黃興, 쑹자오런宋敎仁, 화흥회華興會 설립.
1904	2. 러일전쟁(~1905), 청조정부 국외중립 성명.
	10. 차이위안페이蔡元培, 광복회 설립.
1905	5. 미국 배척운동. 7. 5대신을 구미 각국에 파견(출국은 12월).
	8. 쑨원 등 중국동맹회 결성. 9. 러일 포츠머드 조약 조인, 과거 폐지.
	11. 『민보民報』 출간. 일본, 청국 유학생규제규칙 공포.
1906	9. 청조 입헌 준비의 상유上諭. 12. 중국동맹회 봉기 실패.
1907	1. 추근秋瑾 『중국여보中國女報』 발간. 7. 추근 체포, 처형.
1908	9. 흠정헌법 대강 공포. 11. 광서제 사망, 서태후 사망. 12. 선통제 즉위.
1909	10. 각 성에 자의국 성립.
1910	1. 입헌파, 국회 조기개설을 위한 청원운동.
	5. 산둥 라이양萊陽의 농민봉기. 10. 자정원 성립
1911	4. 황하강黃花崗에서 봉기. 5. 철도국유령 공포. 6. 쓰촨에서 보로운동保路運動.
	10. 우창武昌 봉기, 각 성 독립, 신해혁명.
	12. 난징 17성省대표회의, 쑨원을 중화민국 임시대총통에 선출.

그러나 다른 한편으로 변법운동에 이르는 과정과 때를 같이하여 중국에서는 여러 열강에 의한 경제적·영토적 침식도 진행되고 있었다. 청일전쟁 이래 수년 동안 열강들이 손에 넣은 철도부설권은 1만 킬로미터에 달하였다. 또한 조차지는 독일이 쟈오저우만, 러시아가 따롄·뤼순, 영국이 주룽반도九龍半島·웨이하이웨이威海衛, 프랑스가 광저우만과 광둥·광시·윈난 및 하이난 섬海南島에 이르는 광역, 영국은 양쯔 강 유역과 광둥 동부, 러시아는 중국 동북과 몽골에, 독일은 산둥 반도에, 일본이 푸지엔福建에 각각 자국의 배타적인 세력범위를 설정했다. 게다가 중요 지역에서는 열강이 자본을 투자한 제조공장이 생산을 시작하고 있었다.

19세기에서 20세기로 세기가 바뀌는 시기에 동아시아를 하늘에서 조감해 본다면, 중국은 융성했던 시기의 청조 영역을 유지하고 있으면서도 내부적으로는 열강에게 침식 당해 반식민지화 되어 있었고, 조선은 청일전쟁의 결과 자주국임이 선언되었지만 러시아와 일본의 틈바구니에 끼어 내실을 거두지 못하고 있는 형편이었다. 반면 그 대극에서 일본은 아시아에서 벗어나 구미 국가의 대열에 끼기 위해 진력을 다하여 아시아에서 유일하게 식민지를 가진 국가, 나아가 더한 팽창을 목표로 하고 있는 동아시아 지역의 변화와 상호관계가 한눈에 보일 것이다. 이후 특히 일본은 1900년 의화단 사건이 일어나자 출병하여 베이징을 점령한 8개국 연합군의 하나로 총 병력 2만 가운데 과반수 이상을 차지하는 힘을 과시하였다.

1902년에는 남하해 온 러시아에 대항하여 유럽의 대국인 영국과 영일동맹을 체결하여, 국제사회에서 적지않은 파문을 일으키면서 열강과 어깨를 나란히 하였다. 그러한 상황에 더욱 쐐기를 박은

열강의 세력범위 및 개항장

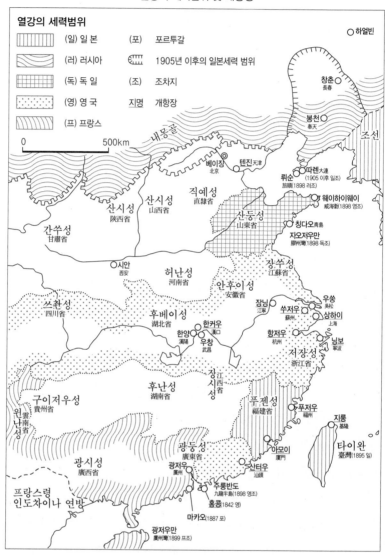

열강의 세력범위

(일) 일본	(포) 포르투갈
(러) 러시아	1905년 이후의 일본세력 범위
(독) 독일	(조) 조차지
(영) 영국	지명 개항장
(프) 프랑스	

0   500km

○ 하얼빈

내몽골

창춘 ○
長春

봉천 ○
奉天

조선

베이징
北京

텐진 天津

뤼순 ○ ○ 따롄 大連
旅順(1898 러조)   (1905 이후 일조)

산시성
陝西省

산시성
山西省

직예성
直隸省

산둥성
山東省

○ 웨이하이웨이
威海衛(1898 영조)

간쑤성
甘肅省

○ 칭다오 靑島
자오저우만
膠州灣(1898 독조)

○ 시안
西安

허난성
河南省

안후이성
安徽省

장쑤성
江蘇省

쓰촨성
四川省

후베이성
湖北省

한커우
漢口

한양
漢陽

우창
武昌

장닝
江寧

쑤저우
蘇州

우쑹 吳淞

상하이
上海

항저우
杭州

닝보
寧波

저장성
浙江省

구이저우성
貴州省

윈난성
雲南省

후난성
湖南省

장시성
江西省

푸젠성
福建省

○ 푸저우
福州

지룽
基隆

광둥성
廣東省

아모이
廈門

타이완
臺灣(1895 일)

광시성
廣西省

광저우
廣州

산터우
汕頭

프랑스령
인도차이나 연방

주룽반도
九龍半島(1898 영조)

홍콩(1842 영)

마카오(1887 포)

광저우만
廣州灣(1899 프조)

172

사건이 1904년 러시아와의 전쟁이었다. 러일전쟁으로 일본은 한반도에서도 우월한 지위를 획득함과 동시에 랴오둥 반도를 거점으로 삼아 중국 동북지역 경영에도 진출하게 되었다. 중국의 입장에서 본다면 이러한 일본의 존재는 근대화의 모델이기도 하면서 다른 한편으로는 위기감을 느끼게 하는 존재이기도 하였다.[6]

이러한 사정 때문에 20세기 초 10년간 중국에서는 근대화를 향한 노력과 위기에 맞선 대중운동이라는 두 가지 경향이 내셔널리즘을 계속 뒷받침해 나갔다. 1905년 대미배척운동, 1908년 대일배척운동, 철도이권과 광산이권을 회수하려는 이권회수운동, 1905년 중국동맹회의 결성을 시작으로 한 혁명운동 등은 바로 후자의 예라 할 수 있다. 그럼 전자인 국가 근대화를 위한 노력은 어디에서 나온 것일까? 그 기반이 된 움직임을 청말 사회에서 살펴보기로 하자.

민지民智를 열고 민속民俗을 변화시키자

청조 정부가 헌정시찰을 위해 파견한 출양고찰정치오대신出洋考察政治五大臣[7]들 중 후발대로 출발한 단방端方과 대홍자戴鴻慈는 1906년 7월 유럽, 아메리카, 일본 등 10여 개 국을 여행하고 돌아왔다. 그들이 "출양 임무는 정치제도의 고찰이었지만 일단 처음 나라를 떠나

6_ 20세기에 들어서부터 몇 년 동안 약 1만 명에 달하는 학생들이 일본유학에 나선 것은 전자의 한 예로 볼 수 있다.

7_ 시찰에 나선 인물은 재택戴澤, 상기형尙其亨, 이성탁李盛鐸, 대홍자戴鴻慈, 단방端方 5명이었다.

서방사회의 문명 수준을 직접 몸으로 체험하게 되자 문명과 정치제도 사이의 관련에 대해 깊이 느끼는 바가 있었다."고 하여 귀국 후 공공문화 시설의 보급을 청원한 점은 매우 주목된다(『대공보大公報』). 이들이 말하는 공공문화 시설이란 도서관을 비롯한 박물관, 동물원, 공원 등이었다. 공공문화 시설의 보급은 '민지民智를 깨우고 민속을 새롭게 하여, 정신문화와 민풍民風, 민속의 측면에서 구미국가에 가까워지는 것'이라고 건의하였다. 이는 국민을 계발하고 국민의 정신문화 수준을 높이는 것이 깊이 있는 문명을 가진 국가의 존립 기반이고, 정치체제를 변화시키는 기반으로 더욱 중요하다는 관점이었다. 도서관이라는 공공의 공간은 언어로 표현된 문명 그 자체와 문명을 받아들이는 통로가 집적되어 있는 곳이며, 의식 수준이 높은 국민을 만들어 내는 장소로서 근대국가 건설의 가능성을 보장해 주는 곳이라 생각하였기 때문이다. 결과적으로 청말에 각 성에서는 공공 도서관이 계속 건설되었다. 1907년 경사도서관京師圖書館, 1908년에 직예도서관直隷圖書館(톈진)과 산시도서관陝西圖書館, 그리고 1909년에는 지린吉林, 산둥, 윈난, 헤이룽장, 허난성에 각각 개설되어 1911년까지 대부분의 성에 공공 도서관이 문을 열었다. 나아가 현 단위의 지방에서도 유사한 시설이 세워졌다. 량치차오는 도서관이 '문화를 향상시키는 작용'을 '8대 이익'으로 정리하여 소개하고 있다.[8] 그 중 제7은 '사람들에게 지구상의 각 국의

8_ '8대 이익' 중 64개 항목은 다음과 같다. 제1, 학교에서 배운 학생들이 지식을 보충할 수 있다. 제2, 학교교육을 받지 못한 자도 지식을 얻을 수 있다. 제3, 광범위한 장서로 고사를 조사해 볼 수 있다. 제4, 열람자가 자유롭게 사물에 관한 연구를 할 수 있다. 제5, 단시간에 사물에 대해 조사해 볼 수 있다. 제6, 모두가 귀중한 도서를 이용할 수 있다.

상황을 알리는 것', 제8은 '올바른 인재(국민)를 양성하는 것'이다.

이러한 사고방식에서 량치차오는 자신의 논설을 통해서도 중국의 박약함을 걱정하였다. 중국이 빈약한 요인은 제1장에서 이미 지적하였듯이 국민이 국가를 모르고 그 때문에 애국심이 약한 것이라고 주장하였다. 또한 그 같은 병폐가 낳는 폐해를 다음 여섯 가지로 들고 중국인들의 자성을 맹렬히 촉구하고 있다. 첫째, 대등 관념의 결여다. "타인의 위에도 서지 않고 타인의 아래에도 서지 않는다"는 의식이 없다. 스스로 국가의 주인이라는 자각이 없다. 그래서는 밖으로부터의 압제에 저항할 수 없다. 둘째, 지혜의 결여다. 글자를 모르고 세계를 모르니 정치의 근본과 사회의 도리에 어둡다. 학교를 세우고 사람들을 교육시키고 지식을 구하고 재능을 끌어내지 않으면 안 된다. 셋째, 결합력이 약하다. 집단이 무엇인지, 집단의 도의道義가 무엇인지 알지 못한다. 앞서 일본과의 전쟁에서도 일본은 단결하였지만 중국은 직예성만 전쟁에서 대패의 쓴 맛을 보았다. 그렇게 해서는 세계 속에서 자립할 수 없다. 넷째, 허위. 진실은 직시하지 않고 형식만 갖춘다. 나라를 걱정하는 시를 쓰면서도 나라를 걱정하는 마음은 없다. 그러한 상태로 중국이 어떻게 천지에 설 수 있겠는가? 다섯째, 유약. 문文만을 숭상하니 기골氣骨이 없다. 일본의 야마토 혼에 비한다면 중국의 혼은 어디에 있는 것일까? 여섯째, '움직임'이 없다. 압제에도, 침략에도, 분할의 치욕에도, 또한 부강의 기회에 대해서도 왜 반응하지 않는가? 중국은 이대로 끝나는 것인가? 또한 량치차오는 정부가 좋고 나쁨은 국민의 좋고 나쁨에 비례한다고 보고 국민들에게 한층 더 노력을 기울일 것을 요구하였다. 이와 같은 격렬한 표현도 국민의 자각만을 간절히 원하는 마음의 반영이라고 할 수 있을 것이다.

이러한 각종 계몽활동에 힘입어 청말 중국 사회에서는 나라를 걱정하는 국민이 탄생하고 내셔널리즘이 쌓이면서 신해혁명은 불가피한 것이 되어 갔다.

중화민족의 성립

마지막으로 근대 중국의 내셔널리즘은 기본 내용이 무엇이고 그 특징은 무엇인가를 생각해 보자. 1912년, 오랫동안 지속된 왕조체제가 최후의 종지부를 찍고 중화민국이 성립되었다. 이것이 신해혁명이다. 신해혁명은 혁명이라고는 하지만 그 과정을 보면 전반적으로 격렬한 무력투쟁은 적었고, 정권의 이행은 각 성이 독립을 선언하며 청조의 지배에서 이탈하는 방식으로 진행되었기 때문에 새로이 성립된 국가는 청조의 광대한 영역을 거의 변화 없이 그대로 이어받았다. 그 해 3월에 발표된 「임시약법」에는 "중화민국의 영토는 22 성, 내외몽골, 티베트, 칭하이青海로 한다"(제3조)고 되어 있다.[9] 이것은 일찍이 청조 체제 아래 있던 여러 민족을 모두 포함하여 중화민국 국민으로 간주한다는 뜻이다. 그리고 「약법」 2조는 "주권은 국민 전체에 속한다"고 하여, 모든 사람은 민족적 차이를 넘어 함께 새로운 공화국의 '국민'이 되고 주권을 향수한다고 정하고 있다. 그렇다면 이 전체를 어떻게 생각하면 좋을까? 여기에서 탄생한 것이 '중화민족'의 개념이었다.[10]

9_ 외몽골만은 1921년에 분리독립하였다.

중국의 왕조체제는 그 전까지 천하 세계에 포함된 대상을 화華와 이夷로 구별하면서도 모든 것을 허용하였다. 그러나 이젠 열강과 경쟁하는 근대세계에서 다른 국가들과 경합하며 존립하기 위해서는 무엇보다 먼저 국가의 구성원이 모두 같은 국민이라는 사실을 자각해야 했고 이 때문에 '중화민족'이라는 개념도 필요하였다. 바꾸어 말하면 각 민족의 인종적·언어적 차이, 종교와 습속의 차이를 묻지 않고 모든 차이를 뛰어넘어 공동으로 국가의 운명을 위해 살 필요가 있었다. 이러한 목적을 위해 창출된 개념이 '중화민족'이었다. 한족도 아닌 만주족도 아닌 '중화민족'이 되는 것이 국가의 통합과 일체화를 위한 열쇠였다고 할 수 있다. 이후 중화민국, 중화인민공화국으로 이어지는 역사에서 영역과 영토가 변하지 않았던 것은 끊임없이 언급된 '중화민족'이라는 대상에 대한 내셔널리즘이 강하였기 때문이다.

10_ 村田雄二郎, 「20世紀システムとしての中國ナショナリズム」, 『現代中國の構造変動』 3 참고.

제13장 / 20세기의 세계와 중국(Ⅰ)

1914년부터 4년간 계속된 제1차 세계대전은 유럽을 주요 전쟁터로 한 열강 간의 싸움이었음에도 불구하고, 동아시아 각국에도 상당한 영향을 미쳤다. 그것은 동아시아가 19세기 이후 서구열강을 중심으로 하는 근대 세계시스템에 편입되어 서구 세계의 사건에 영향을 받게 되었기 때문이다. 게다가 이 시기는 러시아 혁명이 일어나 20세기의 또 하나의 체제인 사회주의 국가가 탄생한 때이기도 하였다. 이것은 이후 중국에서 상당한 의미를 갖게 된다. 본 장에서는 1910년대부터 시작하여 30년 후 다시 제2차 세계대전이 일어나기까지 중국사의 변화를 세계 추세와 함께 살펴보고자 한다. 그것은 왕조체제를 종결시키고 공화국인 중화민국을 세운 중국의 입장에서 본다면 어떻게 세계 속에서 중국을 국민국가로서 자립시켜 갈 것인지를 선택해야 하는 역사였고, 동시에 그러한 선택을 해낸 사람들의 역사였다고 할 수 있다.

민국의 성립과 제1차 세계대전

1912년 신해혁명의 결과로 성립된 중화민국은 아시아 최초의 공화
국이었다. 중국에서 일찍이 경험한 바 없는 새로운 정치체제를
어떻게 실현시켜 갈 것인가, 그 임무는 먼저 임시대총통에 취임한
쑨원孫文에게 맡겨졌다. 쑨원은 「중화민국임시약법」을 정해 주권
재민과 의회제를 새로운 정권의 기본 틀로 삼고자 하였다. 그러나
현실적으로 청조가 망하자 대총통의 지위는 위안스카이에게 넘어
갔고, 이후 위안스카이가 실시한 정치는 의회제에서 일탈한 강권
적 정치였다.[1] 게다가 위안스카이는 1914년에 국회를 해산시키고,
임시약법을 파기하고는 새로운 「중화민국약법中華民國約法」을 공포
하여 대총통의 권한을 강화하고 독재적인 지위를 확립하였다. 이
것은 위안스카이가 통일과 부강의 달성을 무엇보다도 중요한 중국
의 과제로 생각하였기 때문이다. 열강이 경쟁하는 국제사회 속에
서 주권국가로서 살아가기 위해서는 무엇보다도 중앙권력을 장악
하고, 군사력에 의거해서라도 통일을 꾀하고, 외국차관에 의거해
서라도 재정경제를 발전시켜야 한다고 생각하였다. 그것은 중국이
여전히 열강에 의한 불평등조약체제 아래 있는 이상 종속적인 지위
에서 벗어나기 위해서는 자국의 강화를 가장 우선시해야 한다는
인식이기도 하였다.

이러한 때에 제1차 세계대전이 일어났고 세계는 크게 변했다.
전쟁의 발단은 한 사건에서 비롯되었지만, 그 배경은 19세기 이후

1_ 쑹자오런宋敎仁의 암살, 국회를 무시한 5국 선후차관 체결(2500만 파운드), 반대
한 국민당계 도독都督 3명의 파면 등이 그것이다.

1912	1. 중화민국임시정부 수립, 쑨원 임시대총통 취임. 2. 선통제 퇴위, 청조 멸망. 3. 위안스카이 임시대총통 취임, 중화민국임시약법 공포. 8. 국민당 성립. 12. 국회의원 선거.
1913	3. 쑹자오런宋教仁 암살. 4. 선후대차관善後大借款 체결. 7. 제2혁명. 10. 영국·독일 등 13국 중화민국 승인.
1914	5. 신약법 공포. 7. 제1차 세계대전 시작.
1915	1. 일본, 대중중국에 21개조 요구. 9. 신문화운동. 12. 위안스카이에 의한 제정帝政(1916.3), 제3혁명.
1916	6. 위안스카이 사거. 리위안훙黎元洪 대총통, 돤치루이段旗瑞 내각, 구약법과 구국회 회복.
1917	7. 장쉰張勳의 복벽復辟 실패. 8. 쑨원, 광둥군 정부 조직. 9. 호법전쟁. 11. 러시아혁명.
1918	1. 윌슨 14개조. 소련 불평등조약 파기. 11. 제1차 세계대전 종결.
1919	1. 파리 강화회의(~6. 베르사이유 조약). 5. 5·4운동. 7. 제1차 카라한 선언.
1920	7. 안직安直전쟁, 직예파 승리. 9. 제2차 카라한 선언.
1921	7. 중국공산당 창립. 11. 워싱턴 회의(~1922)
1922	4. 제1차 직봉전쟁, 직예파 승리.
1923	2. 2·7사변. 9. 일본, 간토 대지진.
1924	1. 제1차 국공합작(~1927.7). 11. 쑨원, 북상선언, 국민회의 운동 촉구.
1925	3. 쑨원 사망. 5. 5·30운동. 7. 광둥 국민정부 성립. 11. 국민당 우파 서산회의파 형성.
1926	7. 북벌 시작(~1928.6).
1927	2. 우한武漢 국민정부. 4. 4·12쿠데타, 난징국민정부 성립. 10. 징강산井崗山 근거지 건설.
1928	6. 북벌군, 베이징 입성. 장쭤린張作霖 폭발로 사망. 7. 공산당, 소비에트 혁명 노선 결정. 10. 훈정대강. 12. 국민당에 의한 전국통일.
1931	5. 훈정시기 약법 채택. 9. 만주사변(9·18). 11. 중화소비에트 공화국수립.
1932	1. 상하이 사변. 3. 만주국 성립. 10. 리튼 보고서 공포.
1933	1. 일본, 화북 침공, 독일 나치정권 탄생. 3. 일본, 국제연맹 탈퇴. 5. 탕구塘沽 정전협정.
1934	2. 장제스, 신생활운동 제창. 10. 장정長征(~1935.10)
1935	1. 쭌의遵義 회의. 8. 8·1선언. 11. 폐제개혁. 12. 기찰정무위원회冀察政務委員會 성립.
1936	2. 전국각계구국연합회 성립. 12. 시안사변.
1937	7. 루커우차오 사건, 중일전쟁 시작. 9. 항일민족통일전선 결성. 10. 충칭으로 천도.
1939	9. 제2차 세계대전(~1945).
1940	3. 왕징웨이汪精衛, 국민정부 수립(난징). 9. 독일·이탈리아·일본 3국동맹 조인.
1941	4. 소일 중립조약 조인. 12. 태평양전쟁 시작.
1942	10. 영미불평등조약 철폐 선언(1943.1. 조인).
1945	2. 얄타 회담. 8. 일본, 무조건 항복. 제2차 세계대전 종결. 10. 쌍십雙十협정 성립.
1946	1. 국공정전협정 성립. 여름. 국공내전 시작.
1947	9. 인민해방군, 총반격 선언. 10. 중국, 토지법 대강 공포.
1948	8. 대한민국 성립. 9. 조선민주주의공화국 성립.
1949	4. 인민해방군 난징 입성. 9. 중국인민정치협성회의 개최. 10. 중화인민공화국 성립

다양하게 동맹관계를 맺으며 식민지 획득과 자본 진출을 둘러싸고 경합을 벌여온 여러 열강들이 유럽에서 각각의 이해와 패권을 둘러싸고 벌어진 충돌이었다. 이를 위해 앞다투어 추진하던 군비확장 경쟁과도 맞물려, 일단 전쟁이 시작되자 곧 전 세계를 전쟁으로 몰아넣는 총력전으로 발전하였다. 전쟁은 당사국뿐만이 아니라 그 식민지와 자치령의 병력과 노동력까지 투입하는 사태로 치달았다. 동아시아에서는 일본이 바로 참가하고 중국도 최종적으로 참전하였다. 게다가 전쟁은 예상보다 훨씬 장기화되어 모든 물자를 소비하고 인명을 살상시켜 국민 생활에도 심각한 타격을 주었다. 4년에 걸친 치열한 전쟁으로 교전국은 경제적으로 피폐해지고 민중의 반발을 사서 정치적·사회적 대립이 나타나게 되었다. 식민지와 종속국 내부에서도 민족의식이 자극되어 자립화와 반란의 계기가 되었다. 결과적으로 제1차 세계대전으로 유럽사회는 그 때까지 유지해 온 근대 이후의 국제질서에 변동을 가져와 정치적·경제적 지위를 저하시켜 유럽은 퇴조하고 대신 미국의 대두가 명확해졌다.

1918년 11월 전쟁이 끝나고 1919년 1월부터 파리에서 강화회의가 열렸다. 여기에 참가한 국가는 전쟁에서 승리한 27개 국이었는데, 중요 사항을 결정하는 최고회의는 미국, 영국, 프랑스, 이탈리아, 일본의 5개 국으로 구성되었다. 중국은 앞에서 언급한 것처럼 1917년 8월에 독일에 선전포고를 함으로써 전승국이 되었지만 '특수한 이해를 갖는 교전국'(22개 국)으로 분류되었다. 회의의 기본방침에서는 혁명 후 소비에트 정권이 전쟁 종결을 위해 제안한 「평화의 호소」[2]와 이에 대응하는 형식으로 미국 대통령 윌슨이 제창한 「14개조 평화원칙」[3]이 주목된다. 그러나 현실의 베르사이유 조약은 전승국 측의 주장, 즉 '강자의 권리'를 강조하고 패전국에게는 가혹한 부담과 조건을 부과한 것이 되었다. 이것이 제2차 세계대전의 원인遠因이 되었던 것이다. 게다가 다른 한편에서 강대국 이외의 국가들의 문제는 등한시되었다. 이러한 제1차 세계대전은 동아시아에 어떠한 영향을 미쳤을까? 다시 처음 시점으로 돌아가 보자.

제1차 세계대전 중의 중일관계

제1차 세계대전은 동아시아를 대상으로 보면, 일본과 중국의 관계 속에서 단적으로 드러난다. 즉, 1914년 유럽을 주요 전쟁터로 전쟁이 시작되자 중국은 처음에는 중립을 선언하며 전쟁의 파문이 중국에 미치는 것을 피하고자 하였다. 그러나 일본은 영일동맹을 방패 삼아 영국·프랑스·러시아와 상의하여 독일에 선전포고를 하고 산둥성 칭따오青島와 남양군도의 독일 지배지역에 군대를 파견하였다. 20세기 들어와 중국에서 열강의 세력관계는 균형 상태를 유지하고 있었다. 일본으로서는 이러한 균형 상태를 깨기 쉽지 않았고, 이 때문에 제1차 세계대전의 발발은 '국운의 발전을 위한 다이쇼大正 신시대의 천우天佑'(이노우에 가오루井上馨)라고 인식되었다. 열강은 일본의 출병을 묵인함으로써 산둥 문제는 결국 중국과 일본의 양국관계로 한정되어 버렸다. 일본과의 군사적 충돌을 두려워한 위안스카이 정권은 일정한 교전지구에 한해서만 군사행동을 인정

2_ 교전국 정부와 국민에게 '무병합無倂合, 무보상無報償의 즉시평화'를 촉구하였다.
3_ 비밀외교 폐지, 평등한 통상관계, 군비축소, 민족자결과 국제연맹의 설립 등이 그것이다.

하였다. 이러한 두 나라의 역관계는 1915년 일본의 「대중국 21개조 요구」를 초래하였다. 일본은 러일전쟁을 계기로 러시아로부터 얻은 이권과, 이번에 새로이 얻게 되는 산둥의 독일 이권을 물려받아 확대시키고자 하였다. 「21개조 요구」에는 이른바 '희망조항'으로 정치·재정·경찰·철도 등에서 배타적 지배권이라는 것도 포함되어 있었다. 열강은 이러한 중일관계를 음으로 양으로 허용하였기 때문에 중국으로서는 일본의 요구에 저항할 힘을 자국에서 구할 수밖에 없었다. 당시 전국적으로 팽배하게 일어난 운동은 주로 일제상품 배척운동과 구국저축운동이었다. 국산품 애용을 목적으로 한 이 운동은 산업 육성자금과 육해군 강화자금을 준비하기 위한 것으로 내셔널리즘의 고양을 보여주고 있다. 때문에 위안스카이는 일본의 강한 태도를 두려워하여 그들의 '요구'를 받아들이고 때를 같이하여 국체 변경의 움직임도 보이자, 사상계·언론계에서는 구태舊態를 비판하고 공화제를 지키자는 운동이 일어났다. 이것이 '신문화운동'이었다.[4] 신문화운동을 대표하는 천두슈陳獨秀는 "한 나라가 세계의 조류에 뛰어들 때, 이전 방식을 묵수하는 것은 나라를 급속히 쇠망하게 만든다"라는 위기감에서 전도 유망한 청년이 자각하여 '민주와 과학'의 정신을 갖고 변혁에 나서야 한다고 주장하였다. 5·4운동이야말로 이러한 기반의 확산을 보여주는 것이다.

  5·4운동은 앞에서 말한 1919년 파리 강화회의에서 중국이 옛 독일 이권의 회복을 요구하자 일본과의 관계악화를 두려워한 미국·영국·프랑스가 이를 거절한 데 항의하여 일어난 운동이었다. 학생

---

4 백화운동, 여성해방운동도 포함되어 있다.

뿐만이 아니라 상공업자·노동단체 등 다양한 계층이 참가하면서 운동이 고양되자 정부도 결국 요구를 받아들여 강화조약의 조인을 거부하였다. 이러한 일련의 사태는 권력을 갖지 못한 사람들의 힘이, 민족적 과제의 해결에 나서서 국가의 결정에도 영향을 미칠 수 있음을 보여준 것이었다. 그것은 당시 중국에서 열강의 부재를 계기로 국산품 시장이 넓어져 국내 산업에 유리한 상황이 조성되고 민간자본에 의해 많은 기업이 설립된 것과 관련이 있다.[5] 기업 설립의 결과 광범위한 산업노동자가 형성되었고, 이들이 5·4운동을 주도하는 새로운 사회세력으로 등장하였던 것이다.

　1920년대가 시작되었을 무렵 중국은 다음과 같은 상황을 배경으로 하여 전환기를 맞이하게 된다. 먼저 한창 심각한 파동을 겪고 있던 전후 국제정치 속에 포함되어 있었고, 국내정치는 '군벌'간의 싸움으로 여전히 통일되지 못한 채 혼란하였고, 그 와중에 5·4운동에 보이는 것처럼 새로운 힘이 대두하고 있었다. 게다가 이러한 새로운 힘 쪽에서 본다면, 대항해야 할 외국세력은 이제 영국·프랑스에서 명확히 일본으로 넘어가고 있었다.

제1차 세계대전 후 제2차 세계대전까지의 세계와 중국

제1차 세계대전이 종결되었을 때 틀림없이 사람들은 세계가 전쟁으로 인한 피해와 파괴에서 재생을 이룩하고 국제간의 협조관계를 확립해 나가기를 기원했다. 베르사이유 조약체제는 확실히 1920년

5_ 당시의 기업가로 장쉰張騫(1853~1926), 저우쉐시周學熙(1866~1947) 등이 알려져 있다.

대 동안 유럽에 평화적인 국제 환경을 조성하였다. 그러나 중국이 조인을 거부하였던 데서도 명확하듯이 베르사이유 조약은 열강에 속하지 못한 나라들이 제기한 민족자결의 요구에 충분한 해답은 아니었다. 이에 1923년 미국은 군축문제를

워싱턴 회의에서 중국대표는 일본의 21개조 요구의 폐지를 호소하였다.

주요 테마로 한 워싱턴 회의를 개최하고, 베르사이유 체제가 남겨놓은 '주권 회복' 문제도 다소 배려하여, 일본을 제압하면서 중국이 요구한 산둥에 대한 옛 독일 이권의 반환을 실현시켰다. 이것은 민족운동의 고양을 억제하면서 열강들 간의 힘의 균형을 유지하고, 동시에 소련의 영향력을 방지하기 위한 것이었다. 이러한 베르사이유·워싱턴 두 조약에 근거한 체제는 1920년대 세계를 불완전하게나마 안정시켰다. 사회적으로는 특히 미국을 중심으로 자동차·항공기·전기·화학·석유 등 신형 산업이 성장하고 신문·라디오 등 매스미디어가 발달하였으며 대중이 소비생활을 향수하는 새로운 생활이 열렸다.

그러나 1929년 미국에서 대공황이 일어나자 전 세계가 공황에 휘말려 각 국에서 실업과 재정금융위기가 나타났다. 이 충격은 매우 커서 1930년대에 들자 각 지역에서 정권교체와 체제붕괴, 식민지지배 반대운동 등 커다란 변동이 시작되었다. 특히 충격이 컸던 독일에서는 비스마르크 정권이 붕괴되고 나치 정권이 출현하였다. 이탈리아에서는 무솔리니 정권이 더욱 강화되었다. 이른바

파시즘이 대두한 것이다. 동아시아에서는 일본이 대공황으로 전에 없던 불황을 겪으며 그 해결책을 '밖'에서 구하고자 중국 동북지역으로 진격하여 '만주사변'을 일으키고 '만주국'을 세웠다. 이에 국제연맹이 리튼 조사단을 파견하여 만주국을 조사하며 몇 가지 권고를 하자[6] 일본은 국제연합에서 탈퇴하고 중국침략을 더욱 강행하였다. 이는 일본이 동아시아에서 일본을 중심으로 하는 경제권을 만들고자 한 것으로 유럽 여러 나라가 블록경제 체제를 만들어 자국의 권익을 지키려 한 것과 대응된다. 그러나 이러한 체제 하에 1939년 9월 독일이 폴란드 침공을 시작하자, 전선은 점차 확대되어 결국 독일·이탈리아·일본 3국의 주축국과 미국·영국·프랑스를 주요 국가로 하는 연합국 간에 제2차 세계대전이 일어났다. 전쟁은 파시즘과 민주주의와의 전쟁으로 인식되고 제1차 세계대전을 훨씬 웃도는 규모의 총력전이 전개되면서 전에 없던 파괴와 인명 손실을 가져왔다.

이러한 과정은 이미 지적하였던 것처럼 동시대의 동아시아의 동향과도 깊이 관련되어 있다. 특히 중국에 눈을 돌려 다시 한 번 1920년대를 돌아보면, 세계의 상대적 안정 속에서 중국은 국민국가의 형성이라는 과제를 추구하는 움직임을 보이고 있었다. 간단하게 부연하면, 중국은 1924년부터 쑨원을 중심으로 개조한 중국국민당과 1921년에 탄생한 중국공산당의 두 세력이 합작하여, 1926년부터는 각지에 할거하는 군벌세력에 대항하여 공동으로 북벌을 감행하였다. 그 과정에서 양당은 분열하였지만 1928년에는 국민당

6_ 리튼 조사단은 일본에 대해 상당히 타협적이었지만 만주국의 성립은 주민의 지지에 의한 것은 아니라고 하였다.

북벌군 진로도

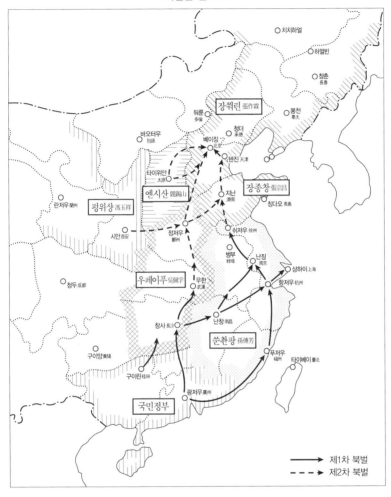

이 전국 통일을 달성하고 장제스蔣介石를 수반으로 하는 난징 국민정부를 수립하였다. 당시에 통일이 가능하였던 배경에는 경제면에서 섬유산업을 중심으로 각종 기계제공업이 발달하고 철도·기선 등 교통이 정비되고 아울러 공업화 수준이 향상된 점 등을 들 수 있다.

이렇게 성립된 난징 국민정부는 무엇보다도 먼저 국민국가로서 근대화 정책을 추진해 나갔다. 정치기구의 정비, 군 정비에 의한 중앙권력의 강화, 불평등 조약의 철폐요구 등이 그것이다. 그 중에서도 중국은 불평등조약의 관세자주권에 대해서는 1928년 미국과 영국, 1930년에는 일본의 승인을 얻어 권리를 회복하였다. 그것은 국가의 수입 면에서나 국내 산업의 보호라는 측면에서도 커다란 의미를 갖는 것이었다. 또한 이때 의화단 배상금의 지불도 대부분 면제되었고, 외국조계가 폐지되는 길이 열리기도 하였다. 그러나 이러한 국민정부에 의한 국가운영이 진행되는 가운데 중국 내외에서는 두 가지 문제가 대두되고 있었다. 하나는 앞서 언급한 일본의 동북 침략이었고 다른 하나는 공산당에 의한 농촌 소비에트의 수립이었다. 이 때 국민정부가 선택한 것은 '안내양외安內攘外'의 정책[7]이었고, 그 결과가 '위초圍剿'[8]였다. 하지만 1930년대 중반에 그러한 국내 대립을 넘어 민족통일전선 쪽으로 방향을 잡게 된 것은 일본의 침략에 저항할 것을 요구하는 운동이 고양되었기 때문이다.

7_ 먼저 안을 안정시키고 나중에 밖을 토벌한다는 의미로서, 우선은 일본과 승산 없는 대결을 피하여 '만주' 문제는 국제기관에 맡기고, 지금은 국내 강화를 방해하는 소비에트 정권을 타도하자는 사고방식.

8_ 공산당 세력의 근거지를 포위하여 공격하는 것.

전국각계구국연합회의 결성은 그 표현이었다. 그러한 배경 속에 일어난 '시안사변[9]'은 국가의 방향 선택에도 결정적인 영향을 주어 국공합작에 의한 '일치항일一致抗日'로 치닫게 되었다.

중일전쟁과 제2차 세계대전

1937년 7월 7일, 루커차오盧溝橋 사건이 일어나 중국과 일본 간에 전면전이 시작되었다. 전쟁 자체의 경위에 대해서는 중국의 항전 양상으로 보아 전쟁 시작에 이은 도시함락 시기, 그 후 공격이 계속 반복되는 오랜 대치 시기, 최후의 반공反攻 시기의 3단계로 나누어볼 수 있다. 그러나 중일관계에 초점을 맞추어 군사적·정치적 관점에서 전체적으로 조망해 보면, 제1단계는 전쟁 개시로부터 1938년 10월의 일본군에 의한 우한武漢 점령까지, 2단계는 이후 1941년 12월 태평양전쟁이 시작되기까지, 그리고 3단계는 이후 1945년 8월의 일본 패전에 의한 전쟁 종결까지로 구분할 수 있다.

그런데 이 과정에서 중일전쟁이 세계전쟁으로 연결된 것은 일본이 중국과의 전쟁을 전면화함과 동시에 남진정책을 취하면서 동남아시아로 진출하였기 때문에 영국과 미국과의 관계가 중요해진 때문이다. 영국과 미국은 대항책으로서 일본 자산을 동결했고, 특히 미국은 일본에 석유수출을 금지하는 등의 조치를 내렸다. 이리하여 1937년 선전포고 없이 확대된 중일전쟁은 1941년 12월 8일 태평양전쟁의 개전으로 이어졌다.

9_ 1936년 12월 12일, 내전중지를 주장해 온 장쉐량張學良이 시안을 방문한 장제스를 감금하여 내전을 중지하고 일본에 대항할 것을 요구한 사건.

그때까지 지구전 태세로 전선을 지탱하고 있던 중국의 입장에서 본다면, 이는 참으로 바라던 일이 아닐 수 없었다. 국민정부는 다음 날 9일 독일·이탈리아·일본의 3국에 선전포고를 하며 연합군의 일원이 되었고, 장제스는 연합국 중국 전쟁지구 총사령관이 되어 미국·영국과 공통된 이해관계를 가지게 되었다. 그리고 그 국제적 지위와, 한 나라에서 4년 반씩이나 일본과 싸워온 실적을 배경으로 1943년 오랜 현안이었던 불평등조약을 파기하는 교섭에 성공하였다.

그러나 이후의 전황은 중국에게 매우 혹독한 것이었다. 이미 국민당과 공산당 두 세력은 서로 다른 정권을 세워 반목하고 있었고, 이러한 내부적 결속의 약점 때문에 1944년에는 일본군의 대륙침략작전이 성공하여 한때 중국전선이 붕괴될 정도로 위험에 처하였다. 하지만 공산정권이 토지정책으로 농민의 참여를 계속 늘려가면서 해방구를 확대시켜 갔을 뿐 아니라 1945년에 들어서 국민정부가 남방에서 승리를 거두면서 공세로 돌아서게 되었다. 또한 전쟁기간 동안 여러 외국이 중국에 지원을 해준 것은 싸움의 귀추를 결정하는 데 중요한 역할을 하였다. 예를 들면, 중일전쟁의 개시에서 1941년까지는 신장·투르키스탄을 통한 소련의 원조가 상당하였다. 이후는 미국의 원조가 중심이었다. 미국은 일본과 싸우기 위해서도 항일전쟁을 계속하는 중국에 차관을 주고 무기를 대주며 군사훈련도 강행하였다. 영국 또한 차관을 대여하였다. 그러한 국제적 협력과 원조가 중국전선을 유지하였다는 것은 중요하다.[10] 그리고 1945년 태평양전쟁의 귀추가 명확해지자, 일본은 포츠담

10_ 이러한 원조를 어떤 세력에게 할 것인가를 둘러싸고, 지원하는 측과 국민정부 사이에 종종 마찰과 알력이 일어나기도 하였다.

선언을 받아들이고 제2차 세계대전도 종결되었다. 중국은 승전국으로서 종전을 맞았지만 이미 전 국토가 황폐해진 후 거둔 '참담한 승리'였다.

하지만 제2차 세계대전의 종결은 이후 40년에 걸친 세계의 특징인 동서냉전의 시작이기도 하였다. 동아시아도 그 과정에 있었다. 그리고 이러한 국제관계를 반영하며 3년 반에 걸친 국공내전은 막을 내리고 1949년 10월 중화인민공화국이 성립되었다.

제14장 / 20세기의 세계와 중국(Ⅱ)

제2차 세계대전 후의 세계는 약 반세기 동안 미국을 중심으로 하는 서방측 자본주의체제 국가들과 소련을 필두로 하는 동측 사회주의 체제 국가가 대립 병존하는 동서 냉전체제의 구조였다. 중화인민공화국의 역사는 바로 그러한 국제환경 속에서 시작되었는데 이후 냉전체제의 구조에 복잡하게 관여하면서 그 영향을 받았다고 볼 수 있다. 미국·소련과의 관계로만 한정시켜 보더라도, 변화 과정은 몇 개의 시대로 구분된다. 그 동안의─특히 마오쩌둥 시기[1]─중국 내정은 때로 양국 관계에 구속을 받기도 하고, 때로는 양국 관계에 대항하면서 움직여 왔다. 크게 보자면 중국은 그러한 국제환경에 처해 있었기 때문에, 독자적인 사회주의 건설을 모색할 수 있었고, 많은 우여곡절을 겪기도 하였다. 이 장에서는 그 과정을 살펴보기로 하자.

---

[1] 중화인민공화국이 세워지고 난 후 50년간을 정권과의 관계에서 보면, 앞의 30년은 마오쩌둥이 주도한 시대, 그 후 약 20년은 덩샤오핑이 주도한 시대로 볼 수 있다.

중화인민공화국의 성립

1949년 10월 1일 중화인민공화국이 성립하였다. 건국시의 목표는, 직전에 개최된 중국인민 정치협상회의의 「공동강령」이 보여주듯이 '신민주주의 국가의 실현'이었고, 오랜 과제였던 '독립·민주·평화·통일·부강을 위해 분투'[2]하는 것이었다. 따라서 우선해야 할 것은 ① 구체제의 잔재를 배제하면서 정권의 기반을 다질 것 ② 토지개혁을 완성하여 모든 농민에게 토지를 부여할 것 ③ 공사公私에 걸쳐 산업을 육성하여 국민경제를 부흥시킬 것 등 부르주아적인 신민주주의 방향을 지향한 것이었다. 또한 대외적으로는 그동안 '국민당 정부가 체결한 조약과 협정에 대해서는 모두 심사하여 그 각각을 승인·폐기·수정 혹은 재체결'하고, 이후의 대외관계에 대해서는 "국민당 반동파와의 관계를 단절하고 신정부와 우호적인 관계를 맺는 국가와만 호혜평등·상호존중의 관계를 맺는다"는 것이다. 이리하여 중국은 종래와는 전혀 다른 원칙을 가진 새로운 국가를 건설하기 시작하였던 것이다.

그러나 제2차 세계대전 후의 세계는 이미 동서냉전체제에 들어가 있었다. 1950년 6월 한반도에서 일어난 전쟁의 불길로[3] 중국은 다시 한 번 혹독한 국제 긴장 가운데에 놓이게 되었다. 중국은 인민지원군을 보내 미국과 직접 교전을 벌였기 때문에 서로 유화점을 찾고 있던 양국관계는 일거에 악화되고 이후 장기간에 걸친

2_ 이 과제 가운데 '독립'의 과제는 중화인민공화국의 성립으로 달성되었다고 할 수 있다. 또 '통일'에 대해서도 타이완 문제가 남아 있기는 하지만 우선은 달성된 것으로 보아도 좋을 것이다.

3_ 한국전쟁을 말한다.

1949	10. 중화인민공화국 건설. 12. 국민정부 타이완으로.
1950	2. 중소우동맹상호원조조약 조인. 5. 혼인법 공포. 6. 토지개혁법 공포. 10. 한국전쟁 참전.
1953	농업집단화 개시. 8. 과도기 총노선 지시, 혼인법 관철운동, 제1차 5개년계획.
1954	9. 제1기 전국인민대표대회 제1회 회의, 중화인민공화국헌법 채택 공포.
1956	4. 백화제방百花齊放, 백가쟁명百家爭鳴 제창. 9. 중공 제8회 당대회, 고급합작회사.
1957	6. 반우파투쟁(~1958). 11. 마오쩌둥 "동풍東風은 서풍西風을 압도한다."
1958	5. 대약진운동. 8. 인민공사 설립, 강철대증산 등을 결의.
1959	4. 류샤오치劉少奇를 국가주석에 선임. 중소대립 격화. 자연재해.
1960	중소논쟁 계속. 자연재해 계속.
1961	1. 경제 조정정책 결정. 7. 소련, 북한 우호협력 상호원조 조약.
1963	5. 사회주의 교육운동, 사청四淸운동.
1965	1. 마오쩌둥, 당내 자본주의의 길을 걷는 실권파를 언급.
1966	5. 마오쩌둥 '57지시'. 홍위병운동. 10. 류샤오치 등 자기비판.
1967	1. 탈권奪權투쟁, 군의 개입. 2. 상하이 꼬뮨, 각지에서 무장투쟁.
1968	9. 전국에 혁명위원회 성립. 10. 당, 류샤오치 제명. 12. 하방.
1969	3. 중소국경에서 무력충돌, 각지에서 계속됨.
1971	9. 린뱌오林彪 쿠데타 실패, 사망. 10. 중국, 국제연합에 복귀.
1972	2. 닉슨 미국 대통령 중국방문, 공동성명. 9. 중일국교 정상화.
1973	4. 덩샤오핑, 부총리 부활.
1975	1. 신헌법 공포, '4개 현대화' 제시.
1976	1. 저우언라이 사거. 4. 제1차 천안문사건. 4. 덩샤오핑 해임, 화궈펑 수상 취임. 9. 마오쩌둥 사거. 10. 4인방 체포.
1978	8. 중일평화우호조약 조인. 12. 중공 제11기 3중전회, 개혁·개방노선 결정. 문화대혁명 종언.
1979	1. 중미국교 수립. 명예회복. 1가구 1자녀 정책.
1980	5. 경제특구 결정. 8. 자오쯔양 수상 취임.
1981	1. 사인방 재판. 6. 「역사결의」 채택. 후야오방 당주석 취임(1982년 4월부터 총서기).
1982	9. 당대회, 사회주의 현대화정책 제기. 11. 신헌법 채택 공포.
1985	6. 인민공사 해체. 향鄕, 진鎭 정부수립.
1986	9. 4개 기본원칙 견지. 12. 민주화 요구하는 학생운동.
1987	1. 후야오방 총서기 사임. 10. 사회주의 초급단계론 제기.
1989	4. 후야오방 사거, 추도대회, 민주화요구 고양. 5. 중소관계 정상화. 6. 천안문사건. 서방측에 의한 인권탄압 비난과 경제제재. 장쩌민 총서기. 11. '베를린 장벽' 붕괴.

심각한 대립과 봉쇄를 거져왔다. 또한 타이완 문제의 해결은 더욱 곤란해져 명실공히 '소련일변도'⁴의 자세를 취할 수밖에 없게 되었다. 다만 이 때 중국군의 파병은—결과적인 것이었지만—미·소의 직접적인 대결을 피하고 냉전 악화를 방지하였다는 점에서는 의미가 있다고 볼 수 있다. 또한 국내적으로 보자면, 이 때 전국적으로 전개된 반미원조운동으로 민족의식이 고양되고, 반혁명에 대한 경계심이 환기되어 사람들이 신정권 아래에서 단결하게 된 것과 1세기에 걸쳐 계속된 여러 외국과의 관계에서의 잔재를 이 기회에 청산한 것 등은 매우 주목할 만한 것이다.

또 당시의 국제환경에서 지적해야 할 것은 1953년 12월 중국과 인도의 국경교섭에서 저우언라이周恩來가 발언한 「평화 5원칙」⁵에 관한 것이다. 이는 냉전 하에서의 국가간의 새로운 원칙으로, 다음해인 1954년 6월의 중인공동성명中印共同聲明에도 명기되었고 나아가 1955년 5월의 반둥 Bandung 회의 선언의 기반이 되었다. 중국의 이러한 움직임은 미국이 주도하는 중국포위망⁶에 대하여, 중국이 신흥 아시아 및 아프리카 국가들과 연대하여 대항하고자 한 것이었다. 반둥 회의에서 저우언라이는 신흥 아시아·아프리카와 연대의 기본에 관해 다음과 같이 말하였다.

---

4 건국 직후인 1950년 2월, 마오쩌둥은 모스크바를 방문하여 스탈린을 만나 「중소우호동맹상호원조조약」을 맺었다.

5 ① 영토, 주권의 상호존중 ② 상호불가침 ③ 내정불간섭 ④ 상호평등 ⑤ 평화공존이 그 내용이다.

6 동남아시아 조약, 미화美華 상호방위 조약 등에 의한다.

우리 사이에 대동大同을 바라는 토대는 있는 것일까? 아시아·아프리카의 대다수 국가와 인민들은 근대 이후 식민지주의로 인한 재액災厄과 고통을 맛보았고, 지금도 그러한 상태에 놓여 있다. 우리 모두 그것을 인정하고 있다. 식민지주의로 인한 고통과 재액의 제거에 공통의 토대를 구한다면 우리는 쉽게 이해하고, 존중하고, 함께 공감하면서 지지할 수 있을 것이고 상호의심과 두려움을 감싸안고 배척하거나 대립하지 않을 것이다.

이 방향은 그 후에도 기본적으로 계속되는 제3세계 노선의 계기가 되었다.

그런데 건국 후 중국을 둘러싼 국제환경은 앞서 언급한 것처럼 혹독하였다. 그러나 국내적으로는 토지개혁이 이루어져 농민이 두루 토지를 취득하였다는 점, 농민협회가 조직되어 농촌에 독립 간부가 대두하여 기층정권이 정비된 점, 적어도 주요 농공업 제품의 생산량이 전쟁 전의 수준을 넘어선 것, 또한 도시에서 정풍운동과 3반 5반 운동[7] 등의 대중운동이 실시되고 질서가 회복되면서 바야흐로 매끄러운 출발을 보여주었다. 이에 마오쩌둥은 1953년, 그 때까지 시간을 들여 사회주의를 지향한다는 견해를 수정하여 '과도기 총노선'을 제기했다. 앞으로 몇 차례에 걸쳐 5개년 계획을 실행한다는 이 노선은 국가 공업화와 농업·수공업·상공업의 사회주의적 개조를 기본적으로 실현한다는 방침으로, 그 해부터 제1차

7_ 3반운동이란, 당·정부·군대의 오직汚職, 낭비, 관료주의의 세 가지를 반대하는 운동. 5반이란 상공업계의 뇌물수수, 탈세, 자재의 횡령, 적당주의, 경제정보의 누설이라는 다섯 가지에 반대한 운동이다. 1951년부터 52년에 걸쳐 실시되었다.

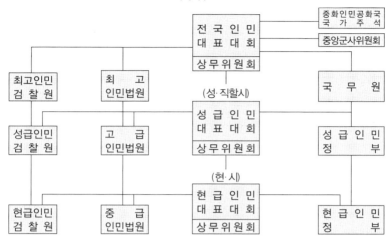

국가기구도

(향鄕, 진鎮 이하 및 자치구, 자치주, 자치현에 대해서는 생략)

「중화인민공화국 헌법」(1954)에 따르면

- 전국인민대표대회(전인대全人代)는 최고 국가권력기관으로(21), 입법권을 행사하는 유일한 국가기관이다(22). 그것은 성·자치구·직할시·군대 및 화교의 대표로 구성되며(23), 다음과 같은 직권을 행사한다(27). 헌법개정, 법률제정, 국무원총리, 최고인민법원원장, 최고인민검찰원검찰장 등 국가인사의 결정과 파면, 국가예산의 심의와 결정, 전쟁과 평화의 결정 등(28).
  지방단계의 인민대표대회는 국가권력의 지방기관이다(55).

- 국무원은 국가권력기관의 최고집행기관으로 국가의 최고행정기관이다(47). 지방 각 단계에서 인민위원회(정부)는 지방 각 단계의 인민대표대회의 집행기관이고, 지방 각 단계의 국가집행기관이다(62). 국무원은 전인대에 대하여 책임을 지고, 활동을 보고한다(52).

- 최고인민법원, 각 단계의 인민법원은 재판권을 행사한다(73). 최고인민법원은 최고재판기구이다(79). 최고인민법원은 전인대에 대하여 책임을 지고, 활동을 보고한다(80).

- 최고인민검찰원은 각 단계의 국가기관과 근무자, 공민公民에 대해 법률을 준수하고 있는가 아닌가 검찰권을 행사한다(81). 동 검찰원은 전인대에 대해 책임을 지고, 활동을 보고한다(84).

〈괄호 안의 숫자는 해당사항을 정해 둔 헌법조문〉

5개년 계획이 시작되었다. 동시에 1953년은 처음으로 보통선거가 실시되고, 다음 해인 1954년에는 제1회 전국인민대표대회가 개최되어 「중화인민공화국헌법」이 제정되었다. 헌법에는 사회주의를 목표로 삼는다는 것이 명기되었고, 농업의 집단화와 상공업의 공유화가 국가의 대방침으로 정해졌다.

중국형 사회주의의 시도

제1차 5개년 계획(1953~57)의 실시로 농촌에서의 집단화와 도시의 중공업 건설은 어느 정도 실현되었다. 단, 그동안의 성과에 소련의 원조가 크게 작용하였던 사실을 간과해서는 안 될 것이다. 대외무역도 대부분은 소련이 대상국이었고, 기술지도도 소련으로부터 전수받고 있었다. 그러나 소련과의 밀접한 관계는 이 시기를 피크로 하여 1950년대 말에는 이미 균열을 보이며 오히려 대립적으로 되었다. 동서냉전 속에서 대외·대내 양면으로 어떠한 정책을 취할 것인가를 둘러싸고 이데올로기·외교·군사·경제정책에서 상호 의견이 충돌되었기 때문이다. 중국의 입장에서는 1950년대는 '반미소련'이었지만 1960년대에는 '반미반소'였다고 평가되듯이, 1958년이 되면 양자 관계는 더욱 악화되어 소련 모델이 아닌 독자적인 국가건설의 방향을 모색하였다. 이는 신속한 경제발전을 목표로 한 '사회주의 건설의 총노선'[8]으로 나타났고, 그것이 구체화된 것이 대약진운동[9]이라 할 수 있다. 대약진운동 과정에서 대규모 사업과

8_ "크게 하고자 하는 마음을 불러일으켜 목표를 높게 잡고 많이, 빠르게, 훌륭하게. 게으름피우지 말고 사회주의를 건설하자"고 한 것이다.

다면적인 경영을 해야 하는
농촌지역에 등장한 것이
'인민공사'였다. 이러한 방
향의 특징은 무엇보다도 사
람들의 주관적 능동성에 의
거하여 생산을 증대시키자
는, 마오쩌둥의 중국식 사
회주의 건설의 길이었다.

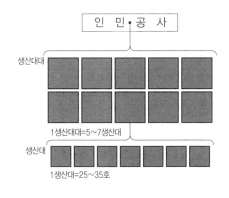

인민공사란 '정사합일政社合一'을 기본 성격으로, 이것이 생산 단
위이자 행정 단위인 동시에 사회생활의 단위가 되는 대규모 조직이
었다. 인민공사는 그림과 같이 3단계로 구성되어 있는데 가장 알기
쉬운 단위가 '생산대대生産大隊'이다. 이는 촌村과 거의 일치하며 몇
개의 생산대生産隊로 구성되어 있다. 생산대는 그 곳에 사는 모든
가구, 모든 인민들이 반드시 소속되어 생산활동을 하는 단위이다.
사람들은 생산대장의 지휘를 받으며 계절에 따라 농업작업을 할당
받고 아침부터 저녁까지 공동으로 일하였다. 작업은 노동점수로
환산되고 그 수량에 따라 분배를 받는다. 또한 사람들은 대대 내에
서 각각 청년조직·부녀조직·민병조직 등에 속하여 정치학습·의무
노동·군사훈련 등의 공동활동에 대부분 참가한다. 생산대대가 다
시 몇 개 모이면 대략 향鄕과 유사한 규모가 되는데 이것이 '인민공
사'였다. 이것은 농촌 사회주의 개조를 목표로 집단화를 진행시켰

9_ "15년 후에 영국을 따라잡자"는 슬로건 하에 풍부한 노동력을 아낌없이 투입하
여 수리건설을 실시하고, 농지를 조성하고, 비료를 투하하여 집약적인 농업을 행하
고 소형 토법로土法爐로 철강증산을 행한 운동.

을 때 귀착되는 형태였다고 보아도 될 것이다. 그 과정은 1950년대 초기부터 토지개혁 이후 전개된 호조조互助組[10] → 초급합작사 → 고급합작사의 순서였다. 이러한 집단화의 전개 과정에서 농민들은 토지 공유와 노동에 따른 분배라는 농촌사회의 사회주의화를 받아들여 왔지만, 반드시 자발적인 의사에 의한 것만은 아니었음이 최근 밝혀지기도 하였다.[11] 게다가 중국은 1950년대부터 도시와 농촌의 호적을 확실히 나누고, 이 기간에 이동을 거의 금지시켰기 때문에 인민공사는 1980년대에 이르기까지 전 인구의 80% 이상이 생산하고 생활하는 장소였다.

중국이 이러한 형태를 취한 이유의 하나는 작으면서도 자급자족이 가능한 자기완결적인 사회가 냉전 하에서 자위적 의미를 갖고 있었기 때문이다. 또한 도시사회도 1950년대의 과도기 총노선 이후에는 공업부분의 공유화가 도모되어 많은 기업이 국영화되어 그 사회도 대부분 전사회적 기능을 갖고 있었다. 주택은 물론 학교·상점·병원 등 생활에 필요한 모든 것을 구비하여 사람들에게 안정감과 직장에 대한 귀속의식을 부여하였다. 다만, 이상의 모든 것을 통해 집단에 대한 긴박감이나 경쟁의 결여가 사람들의 주체적 의욕을 상실시키고, 또한 일단 그러한 형태가 만들어지자 이미 기득권

10_ 호조조는 서로 노동력과 농기구, 역축을 제공하는 형태, 초급합작사는 토지를 출자하여 경영을 통일하고, 출자한 토지와 노동에 따라 분배하는 형태, 고급합작사는 토지 및 생산수단을 집단화하여 오직 노동에 따라 분배하는 형태다.

11_ 위의 과정 중, 호조조부터 초급합작사까지는 농민들 스스로의 결정에 따라 차차 진행되어 왔으나, 1956년에 고급합작사가 정권의 의사로 단숨에 추진되었을 때는 자신의 손에서 떠난 토지를 돌보지 않아 황폐해지고 가축을 혹사시키거나 매각하는 일이 있기도 하였다.

익에 따른 보수화를 피하기 어렵게 되었다. 따라서 인민공사의
시대는 도시와 농촌이 모두 생산과 기업경영의 효율화를 도모하기
어려운 경향을 가지고 있었다. 이러한 구조 때문에 국제적으로는
동서냉전과 소련과의 불화 속에서 고립에 빠지게 되고, 국내적으
로는 격증한 인구를 보유한 국가 운영을 기본적으로 유지만 할
뿐 그 이상의 경제발전을 기대하기는 어려웠다.

문화대혁명의 시대

1960년대 초반, 중국의 국민경제는 대약진
운동의 실패와 이후 3년 동안의 자연재해로
심각한 파탄에 직면하였다. 지금 중국 사회
의 인구구성을 보면 당시의 타격이 얼마나
컸는지를 여실히 알 수 있다.[12] 때문에 마오
쩌둥은 1960년대에 들어와 대약진정책의 잘
못을 인정하고 국가주석에서 물러났고, 대
신 류샤오치劉少奇, 덩샤오핑鄧小平 등이 경제
조정정책을 도입하는 임무를 맡았다. 그리

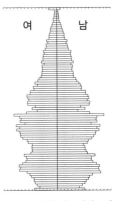

2000년 제5회 인구센서스에
따른 인구구성

하여 농업부분에서는 자류지自留地, 자유시장의 부활, 생산의 호별
청부제와 가정부업의 승인, 농업세의 인하, 대부금의 증액, 인민공

12_ 구성표를 보면 거의 중앙 부분이 크게 줄어들었는데 이는 대약진 후 3년 동안
계속된 자연재해 때문이다. 그 후 문혁기의 증가를 거쳐 다시 감소를 보이는데,
한 자녀 정책이 실시된 후의 출생자들이다. 위쪽의 잘록한 부분에서의 팽창은
건국 후의 급격한 인구증가를 보여준다. 또한 최근의 감소 경향으로 전체적으로는
방추형을 나타내고 있는 것이 주목된다.

사에서 채산기본단위의 변경 등, 그 밖의 부분에서도 전문가의 중시, 작업량 임금제, 지식인의 재평가 등 경제회복을 제일로 삼는 현실적 색체를 띤 정책 등이 표출되었다.

하지만 마오쩌둥에게는 이러한 상황이 국가건설의 기본의 변경, 혁명목표의 방기, 개인의 목적과 부를 추구하는 사람들의 출현을 반영하는 것으로 비쳤을 것이다. 1963년부터는 사회주의 교육운동이 일어나고, 계급투쟁의 필요성이 강조되고, 농촌에서는 사청四淸 운동[13]이, 도시에서는 신오반新五反운동[14]이 실시되었다. 1966년 여름에 시작된 격렬한 홍위병紅衛兵운동은 이러한 흐름을 계승하고, 나아가 대중동원 수법을 이용하여 '당내에서 자본주의 길을 걷는 실권파'를 해체시키고 다시 당과 사회를 조직하기 위해 발동시킨 것이다. 이에 '낡은 사상·문화·풍속·학습을 모두 타도'하고 '부르주아 권력의 일소'를 공인 받은 홍위병들은 미숙하고 젊음에 기댄 실권 행사로 문화유산을 파괴하고 많은 사람들을 박해하였다. 그러나 그들도 1967년 탈권奪權에서 건설의 단계로 접어들자 존재 의의가 저하되어 학원으로 복귀하고 다시 하방되어[15] 정치무대에서 물러났다.

이어 계속된 단계는 탈권 후 어떠한 권력기관을 만들 것인가였다. 처음 지향된 형태는 상하이에서 문혁파 노동자들이 수립한

13_ 농촌에서의 간부 비판운동으로 장부, 창고, 재무, 노동점수를 세밀하게 조사한 것. 그러나 그 후 운동의 중점은 정치, 경제, 조직, 사상의 네 가지를 깨끗이 하자는 것이 되었다.

14_ 도시에서 오직, 투기, 낭비, 분산주의, 관료주의를 비판한 것.

15_ 간부, 지식인, 학생 들을 농촌과 공장으로 보내 단련하고 교육하는 것.

'꼬뮨'이었다. 그러나 마오쩌둥은 꼬뮨형 권력이 통일을 위협하고, 생산과 질서회복에 손실을 준다며 인정하지 않았다. 군과 당도 여기에 반대하였기 때문에 결국 혁명대중·간부·군이라는 3자가 결합하여 '혁명위원회'를 설치하였다. 혁명위원회는 이후 권력모델이 된 것으로, 모든 차원의 기관과 단위에 점차 설립되었다. 설립의 전 과정은 2년 남짓 걸렸는데, 그 사이 질서를 유지하기 위해 마오쩌둥의 개인적 권위가 강조되었다. 동시에 대외적인 긴장, 특히 중소국경에서 무력충돌도 일어나 군의 힘이 강조되었다. 그 결과 국방장관 린뱌오林彪의 힘이 강화되었지만 그도 1971년 쿠데타 실패로 실각하고 문화대혁명은 수습 국면으로 접어들었다.

문화대혁명의 수습 단계에서도 몇 차례인가 동요가 있었다. 그것은 국제적인 긴장과 국내의 경제건설을 반영하여 탈문혁을 꾀하는 저우언라이 등 행정관료의 대두를 하나의 축으로 하고, 여기에 대항하여 반격을 꾀한 '4인방'[16]의 움직임을 또 하나의 축으로 한 두 노선 사이의 반복된 동요였다. 그러나 그 사이에 중국은 전자를 중심으로 국제연합대표권을 회복하고(1971), 닉슨 미국대통령의 방중을 실현하고(1972, 국교수립은 1979), 동시에 일본과의 국교정상화를 행하고(1972), 서방 사회와의 관계를 개선하였다(중일공동성명 참조). 이 점에서 1970년대 대외관계의 특징 중 하나는 '연미반소連美反蘇'였다고 할 수 있다. 뿐만 아니라, 이 시기에는 새로운 국제구조로서 '3개의 세계론'[17]을 전개하여 국제사회에 그 존재를

16_ 문화대혁명의 급진파 4명 즉, 장칭江淸(마오쩌둥의 부인), 장춘차오張春橋(부수상), 왕훙원王洪文(당 부주석), 야오원위안姚文元(당 정치국원)을 가리킨다.
17_ 미국과 소련을 제1세계, 서구와 일본을 제2세계, 그리고 아시아·아프리카·중남

드러내기도 하였다. 그러는 가운데 저우언라이와 마오쩌둥이 연달아 사망하고 '4인방'이 체포되면서 문화대혁명은 종료되었다.

개혁·개방시대의 시작

1978년은 중국현대사에서 역사적인 전환의 시기였다. 이 해 12월에 개최된 중공11기 3중전회는 "대규모의 폭풍과 같은 대중적 계급투쟁은 기본적으로 끝났다."고 선언하고 앞으로 활동의 중점은 '사회주의 현대화 건설'에 둔다고 결정하였다. 그리고 시대의 전환을 진행하기 위하여 두 가지, 즉 첫째 '신속하게', 둘째 '성급하지는 않게' 행하였다. 신속하게 행한 것은 일찍이 비판을 당한 사람들의 명예회복과 부활이었고, 성급하게는 아니지만 불가결하게 행해진 것은 문화대혁명과 그 지도자 마오쩌둥에 대해 전 국민이 합의할 수 있는 평가를 내리는 것이었다. 후자가 1981년 6월의 당의 공식견해인 「건국 이래의 당의 약간의 역사적 문제에 관한 결의」(「역사결의」)였다. 그것은 8장으로 된 장문의 문서로, 단적으로 말한다면 문혁을 부정하고 그 잘못을 마오쩌둥에게 지우는 것이었다. 그러나 동시에 이 결의는 공산당이 결성된 이래 중국혁명의 역사와 중화인민공화국의 역사를 되돌아보고 보다 장기적인 역사를 전망함으로써 문화대혁명에 대해서도 이를 '제1기'였다고 간주하고 거기에 한정성을 부여하였다. 또한 마오쩌둥에 대해서도 장기적인 역사의 흐름에서 보자면 중국혁명에 대한 '공헌'이 문혁기의 '과오

미를 제3세계로 하여 각각 역할을 밝힌 것이다.

중 일 공 동 성 명

중일 양국은 매우 가까운 이웃국가로 오랜 전통의 우호적 역사를 가지고 있다. 양 국민은 양국 간에 지금까지 존재해온 비정상적인 상태에 종지부를 찍기를 바라고 있다. 전쟁 상태의 종결과 중일국교 정상화라고 하는 두 나라 국민의 염원의 실현은 양국관계의 역사에 새로운 첫 페이지를 여는 것이 될 것이다.

일본은 과거 일본이 전쟁을 통해 중국국민에게 중대한 손실을 준 데 대해 책임을 통감하고 깊이 반성한다. 또한 일본은 중화인민공화국 정부가 제기한 '국교회복復첫 3원칙'을 충분히 이해하는 입장에서 국교정상화의 실현을 도모한다는 견해를 재확인한다. 중국 측은 이를 환영하는 바다. 중일 양국에는 사회제도에 차이가 있음에도 불구하고 양국은 평화우호관계를 수립해야 하고, 또한 수립할 수가 있다. 양국 간의 국교를 정상화하여 상호 선린우호관계를 발전시키는 것은 양국 국민의 권익에 합치되는 바며, 또한 아시아에서의 긴장완화와 세계의 평화에 공헌하는 바다.

1. 일본과 중화인민공화국 사이의 지금까지의 정상적이지 못한 상태는, 이 공동성명이 시작되는 날 종료된다.
2. 일본 정부는 중화인민공화국 정부가 중국의 유일한 합법정부임을 승인한다.
3. 중화인민공화국 정부는 타이완이 중화인민공화국 영토와 떨어질 수 없는 일부임을 거듭 표명한다. 일본국 정부는 중화인민공화국 정부의 입장을 충분히 이해하고 존중하며, 포츠담 선언 제8항에 기초한 입장을 견지한다.
4. 일본국 정부 및 중화인민공화국 정부는 1972년 9월 29일부터 외교관계를 수립할 것을 결정하였다. 양 정부는 국제법 및 국제관행에 따라 각각의 수도에서 상대국 대사관의 설치 및 그 임무 수행을 위해 필요한 모든 조치를 취하고, 또한 가능하면 신속하게 대사를 교환할 것을 결정하였다.
5. 중화인민공화국 정부는 중일 양국 국민의 우호를 위해 일본국에 대한 전쟁보상 청구를 방기할 것을 선언한다.
6. 일본국 정부 및 중화인민공화국 정부는 주권 및 영토 보존의 상호존중, 상호불가침, 내정에 대한 상호 불간섭, 평등 및 호혜와 평화공존 원칙들의 기초 위에 양국 간에 항구적인 평화관계를 확립할 것에 합의한다. 양 정부는 위의 여러 원칙 및 국제연합헌장 원칙에 기초하여 일본국 및 중국이 상호관계에서 모든 분쟁을 평화적인 수단으로 해결하고 무력 또는 무력에 의한 위협에 호소하지 않을 것을 확인한다.
7. 중일 양국의 국교정상화는 제3국에 대한 것은 아니다. 양국 모두 아시아 태평양지역에서 패권을 추구해서는 안 되며, 이 같은 패권을 확립하려고 하는 다른 국가 혹은 국가집단에 의한 시도에도 반대한다.
8. 일본국 정부 및 중화인민공화국 정부는 양국 간에 평화로운 우호관계를 강고히 하고 발전시키기 위해 평화우호조약의 체결을 목적으로 교섭할 것에 합의한다.
9. 일본국 정부 및 중화인민공화국 정부는 양국 간의 관계를 한층 발전시키고, 인적 왕래를 확대시키기 위해 필요에 따라 무역, 해운, 항공, 어업 등의 사항에 관한 협정의 체결을 목적으로 교섭할 것에 합의한다.

1972년 9월 29일 베이징
[전문前文 일부 생략]

보다는 뛰어나다'고 비판 내용을 정리하였다. 이렇게 역사평가를 마무리 지은 후 1982년 「헌법」을 개정하고 개혁·개방 노선을 결정했다. 1980년대 이후, 이러한 정책을 추진한 중심 인물은 덩샤오핑이었다. 덩샤오핑은 계속 현직에 있었던 것은 아니지만 그 후 20년간 실질적인 지도자로서 활동하였다. 이 시대를 '덩샤오핑의 시대'라고 부르는 이유도 여기에 있다.

1980년대는 경제를 중심으로 하여 '현대화 건설'을 추구하였다.[18] 목표는 공업·농업·국방·과학기술의 현대화를 차례차례 실시하고 중국적인 사회주의를 건설하는 것이었다. 개혁은 먼저 농촌에서 시작되었다고 할 수 있다. 1970년대 말부터 식량부족이 심각해지고, 농업 경영의 악화가 두드러졌기 때문이다. 때문에 정부는 농산물 가격의 인상뿐 아니라, 농민 자주권을 보장하여 평균주의를 배제하고 각자에게 재량을 주어 농민의 적극성을 이끌어내는 방법을 채용하였다. 이는 무엇보다 인민공사체제가 농민들로부터 의욕을 빼앗아 간다는 것에 대한 반성에서 나온 것으로, 가족경영을 인정함으로써 1950년대 이후 추진되어 온 집단화라는 기본정책을 크게 전환한 것이었다. 이러한 새로운 정책은 농민의 생산의욕을 자극하여 농산물의 증가를 가져와 1984년에는 사상 최고의 생산량을 기록하게 되었다. 이러한 변화 속에서 인민공사는 해체되어 '정政'과 '사社'가 다시 분리되었다.

또 하나의 두드러진 정책의 전환은 대외개방정책의 채용이었다. 이 정책은 연해 각지에 특별 조치를 취하여 밖으로 열린 창구라고

18_ 그 지표로 20세기 말까지는 농공업 총생산액을 1980년의 4배로 증가시켜 사람들의 생활을 "무엇보다 중요시하는 상태"로 할 것이 제기되었다.

할 만한 지역을 설정한 것이다.[19] 목적은 해외자금의 도입과 제품 수출에 의한 외자 획득, 창구를 통한 선진적인 기술 및 경영관리, 새로운 정보의 보급이었다. 이것은 중국처럼 광대한 나라에서는 선발지역이 먼저 부유해짐으로써 후발지역을 이끌어 최종적으로 모두를 풍요롭게 만든다는 덩샤오핑의 '선부론先富論'에 기초한 것이었다. 또한 그것은 경제만이 아니라, 문화교류·인적교류·정보의 자유화와도 관련된 것이었다. 그리고 그러한 대외개방에 대응하는 외교정책으로서 탈이데올로기의 전방위 외교를 실시하여 결과적으로 경제발전에 유리한 외부환경을 조성하고자 하였다.

도시에서도 개혁이 진행되었다. 앞선 농촌개혁의 성공에 자극을 받아 특히 국영기업을 대상으로 기업의 자주권을 확대하고, 국가의 계획과 지령, 통제는 축소시키는 방향을 지향하였다. 제품의 가격도 수요와 공급에 맡기고, 임금도 평균주의를 배제하고 능력주의를 도입하였다. 그러한 방향은 개혁붐을 불러일으켜 경제를 활성화시켰고, 기관과 조직이 앞다투어 상업에 열중하게 하는 상황을 만들었다. 그러나 그것은 점차 경제과열을 초래하여 1988년에는 인플레이션이 문제되기도 하였다. 또한 농촌의 과잉인구가 도시로 '맹목적으로 이동[盲流]'[20]한 결과, 도시는 과밀화되어 주택·공공시설·교육 등 여러 문제들이 쏟아졌다. 한편, 이상과 같은 개혁·개방 정책의 실시는 사람들에게 민주화에 대한 욕구를 불러일으켜

19_ 경제특구(4지역), 경제기술 개발구(14도시), 연해경제개발구(3지역)가 여기에 해당한다.

20_ 1980년대 후반에 일어난 농촌에서 도시로의 인구유입을 일컫는다. 교통혼란과 치안악화가 초래되어 문제가 되었다. 1990년대부터 주요 노동력이 되어 이후는 '민공조民工潮'라고 부른다.

1980년대 후반이 되자 학생·지식인층들이 정치체제의 개혁을 논의하기 시작하였다.

이로 인해 나타난 사태가 '천안문 사건'이었다.[21] 때마침 세계에서는 '베를린 장벽'이 무너져 동서냉전이 종결되고, 바야흐로 새로운 단계에 들어서고 있었다.

21_ 1989년 4월에 사거한 후야오방胡耀邦 전 총서기의 애도집회를 계기로 베이징의 천안문 광장을 중심으로 전개된 민주화 요구운동. 6월 4일에 군대가 출동함으로써 수습되었지만 나라 안팎으로 심각한 후유증을 남겼다.

제15장 / 현대 중국의 문제들

20세기 마지막 10년이 시작되었을 때, 세계는 탈냉전의 새로운 국제질서를 추구하는 시대로 접어들었다. 그러한 상황에서 중국은 1989년 천안문 사태로 초래된 국제적 고립과 경제제재 등 심각한 상황을 극복하여, 어떻게 사회주의 체제를 계속 고수하며, 국제사회로 복귀하고 국내를 안정시킬 것인가, 그리고 어떻게 최대 현안인 경제개발을 도모할 것인가를 모색하고 있었다. 이 문제를 맡아 사회주의 시장경제화를 추진한 인물이 덩샤오핑이다. 덩샤오핑은 먼저 국내체제에 대해서는 계속 개혁·개방 노선을 추진하고, 오히려 속도를 가속화하여 시장경제를 도입함으로써 경제성장을 실현시키고, 여기에서 얻어진 힘으로 국제관계를 수복하는 방향을 지향하였다. 그 결과, 중국의 경제성장은 세기 말에는 '1인당 GNP'를 1980년의 4배로 끌어올려 '안정'된 수준으로 만든다는 목표를 앞당겨 실현함으로써 소기의 성과를 달성하였다. 그러나 동시에 그러한 높은 경제성장과 함께 여러 가지 문제가 발생하였다. 본 장은 그러한 20세기 말부터 21세기에 걸친 중국의 흐름과 현재의 과제인 현대 중국의 문제들을 살펴보기로 하자.

1990년대 초기의 중국

1989년 6월 4일 베이징 천안문 광장 주변에서 일어난 사태가 서방 측 언론을 통해 영상과 함께 보도되자 전 세계는 충격을 받았다. 직후에 열린 서방 7개국 정상회담에서 '인권을 무시한 중국의 격렬한 억압'을 비난하며, 몇 가지 제재 사항을 선언에 포함하였다. 이에 대해 중국은 '내정간섭'이라고 계속 항의하면서도 개혁·개방 정책에 대해서나 외교정책에 대해서나 지금까지의 노선을 변경할 생각이 없음을 표명하였다. 그런데 1989년에는 세계적으로도 수많은 사건이 일어났다. 1월에는 베를린 장벽이 무너지고 이어 동유럽에서도 일련의 혁명이 일어나 12월에는 미·소 수뇌가 냉전의 종결을 확인하는 등 격동의 한 해였다. 게다가 이러한 추세는 1991년 소련의 해체로까지 이어졌다. 때문에 이러한 동향은 중국에게 사회주의의 위기로 간주되어 '평화적 전화'[1]로의 걱정이 표명되기도 하였다. 다음 해인 1990년 국제연맹 총회는 국제사회에서의 바람직한 신질서에 대해 언급하면서, 일찍이 평화 5원칙의 기초 위에 다음 내용을 덧붙여야 한다고 표명하였다.

---

1. 어떠한 국가든 본국의 실정에 근거하여 스스로 정치·경제·사회체제를 선택할 권리가 있다.
2. 세계 각국, 특히 대국은 다른 나라의 내정불간섭이라는 원칙을 지켜야 한다.

1_ 평화연변平和演變이라고도 한다. 무력에 의하지 않고 평화적인 수단으로 체제를 전복 내지 내부로부터 변질시키는 것.

3. 국가와 국가 사이는 서로 존중하며 작은 차이는 버리고 대동大同을 이루어 평화롭게 공존하고 평등하게 교제하고 호혜적으로 협력해야 한다.
4. 국제분쟁은 평화적인 방법으로 해결해야 하며, 무력에 호소하거나 무력으로 위협해서는 안 된다.
5. 각 국은 국가 힘의 크고 작음에 관계없이, 그 해결에 평등하게 참가할 권리를 가진다.[2]

이러한 관점에 편승하여 적극적 대응책으로서 중국은 이후 대외정책의 중점을 인권문제에 대해 함께 공감하는 바가 많은 아시아 주변 지역과의 관계정상화에 두겠다고 하였다. 구체적으로는 1992년 인도네시아·싱가폴·사우디아라비아·이스라엘·한국·베트남·몽골과 국교를 정상화하고 혹은 관계를 개선하였다.[3] 이러한 아시아·태평양 여러 지역에서의 관계와, 천안문 사태로 냉랭해진 서방 여러 국가와의 관계 사이에서 균형을 잡으면서 '일초다강一初多强'이긴 하지만 다극화 방향으로 향하는 세계 속에서 독립자주 외교노선을 모색하였다. 이것은 중국이 무엇보다 최대 가치인 경제발전을 위해 필수불가결한 평화적 국제환경을 추구하였기 때문이다. 또한 경제발전을 지향하기 위해서는 외자의 도입과 순조로운 수출입에 노력해야 하는데, 이에 따라 여러 외국과 양호한 관계를 유지할 필요가 있었기 때문이다.[4]

2_ 1990년 9월 28일 『인민일보』.
3_ 중국은 이것을 아시아에 관한 한 '건국 이래 가장 훌륭한 관계'라고 자찬하고 있다.
4_ '전방위 협조외교'라 한다.

1990	1. 계엄령 해제. 7. 적극외교의 전개. 8. 인도네시아와 국교회복. 12. '국민경제, 사회발전 10년계획과 제8차 5개년계획 요강', 첫 증권거래소 개업.
1992	4. 타이완, 국공내전 종결 선언. 5. 장쩌민 총서기 소련 방문, 동부국경협정 조인. 11. 「인권백서」 발표. 중국, 베트남 관계 정상화. 12. 소련 연방 소멸.
1992	1. 덩샤오핑 '남순강화南巡講話', 개혁, 개방 가속. 8. 한중국교 정상화 10. 일본 천황과 황후 중국 방문. 제14회 당대회 '사회주의시장경제화'의 방향 결정.
1993	3. 헌법 개정, '국영기업'을 '국유기업'으로 하다. 장쩌민 국가주석 취임. 4. 중국, 타이완 실무교류 촉진에 합의. 8. 반부패투쟁 발표.
1994	1. 중국·러시아·몽골 국경협력 조인. 9. 중국, 인도국경협력 조인. 12. 양쯔 강 중류 삼협댐 착공.
1995	1. 장쩌민, 타이완에 대해 「8항목 제안」. 6. 리덩후이李登輝 방미에 항의, 주미대사 소환. 9. 홍콩 입법평의회 선거, 민주파 승리. 중국, 타이완 해협에서 군사연습.
1996	5. 타이완 총통 선거, 리덩후이 취임.
1997	2. 덩샤오핑 사망. 7. 홍콩 주권회복. 9. 제15회 당대회, 장쩌민 체제를 강화. 10. 장쩌민 주석 미국 방문, 전략적 파트너십 확인. 12. 한국·북한·중국·미국 4자 합의. 12. 남아프리카, 중국과 국교수립, 타이완과 단교.
1998	3. 주룽지朱鎔基 수상 취임. 6. 클린턴 미대통령 중국 방문. 7. 중국, 일본공산당과 관계정상화. 11. 장쩌민 주석 일본 방문, 역사문제 제기.
1999	3. 헌법개정, 비공유경제를 승인. 4. 주룽지 수상 미국 방문, WTO 문제. 7. 일본 수상 오부치小淵 중국 방문, 중일관계의 중요성 확인. 파룬궁法輪功에 해산 명령. 10. 건국 50주년 기념식전 개최. 12. 마카오 복귀, 마카오 특별행정구 정부 성립.
2000	3. 서부대개발사무실 발족. 5. 장쩌민 총서기 '3개 대표'에 의한 당건설 강조. 9. 미국, 중국에 대한 최혜국대우 공여안 가결. 11. 제5회 인구센서스 실시.
2001	3. '제10차 5개년계획 요강' 채택. 7. 중소우호조약 체결. 9. 미국에 '동시다발 테러'. 11. 중국 WTO 가입.
2002	'남수북조南水北調', '서기동륜西氣東輪' 등의 프로젝트 착공, 중일국교 정상화 30주년. 11. 제16회 당대회, 후진타오胡錦濤 총서기 취임, 젊어지는 지도부, '3개 대표'를 제기.

이러한 요청에 따라 덩샤오핑이 제시한 외교자세는 '24자 문자지시'였다.[5] 이는 '수비로써 공격하자'는 온건하고 협조적인 것으로, 이 시기의 신중함을 잘 보여주고 있다. 이 외교노선은 그 후 타이완 문제를 둘러싸고 가끔 격렬한 논쟁을 불러일으키면서도 중국외교의 일관된 중심기조가 되었다.

그런데 덩샤오핑은 한편으로는 이렇게 세계와의 관계를 다져나가면서 1992년에 남방을 시찰하고, 각지에서 말하는 소위 '남순강화南巡講話'를 기축으로 하여 천안문 사건 이래 저하되고 보수화되고 있던 개혁·개방 정책을 다시 활성화시키고 경제발전을 가속화시키기 위해 노력하였다. 이것은 다음 네 가지 사고방식에 바탕을 두었다. 첫째, 정책 등 모든 판단기준은 생산력 발전에 유리한가, 국력의 총합에 유리한가, 사람들의 생활향상에 유리한가에 두며 그것이 자본주의인지 사회주의인지 하는 이름에는 구애받지 않는다. 둘째, 낮은 성장은 정지된 것이나 마찬가지며 아예 후퇴하는 것까지 되므로 찬스를 잡아 경제를 가속화시키도록 한다. 셋째, 대외개방에 대해서는 연해 지방만이 아니라, 연강(沿江, 특히 양쯔 강[6]), 연변으로도 확대시킨다. 넷째, 시장경제, 즉 자본주의만이 아니라 사회주의에도 시장이 있다. 덩샤오핑이 이 같은 방향성을 제시한 것은, 중국이 개혁·개방정책을 더욱 대담하게 진행시킬 것임을

5_ "냉정하게 관찰하고, 토대를 단단히 하고, 차분하게 대처하며, 능력을 안으로 쌓고, 겸허하게 대응하며, 결코 선두에 서서는 안 된다"冷靜觀察, 穩住陳脚, 沈着應付, 韜光養晦, 善於守拙, 絶不當頭라는 의미로 1991년 덩샤오핑이 내놓은 국제문제 처리를 위한 기본 입장(아마코 사토시天兒慧, 『鄧小平』, 岩波書店 참조).

6_ 여기에서 연강을 언급한 것은 상하이보다 더한 발전을 촉구한 것으로, 푸동浦東 개발을 의미한다.

보여주려는 것으로, 국내적으로도 여러 외국에 대해서도 안심하고 기업을 일으키고 투자할 것을 호소한 것이기도 하였다. 또한 국내의 민주화를 요구하는 형태로 사람들 사이에 고양된 운동을 진정시키는 데는 꼭 경제발전이 필요하다는 덩샤오핑의 현실적인 사고에 따른 것이었다. 그리고 이 같은 흐름에서 같은 해 10월 개최된 중공 제 14기 3중전회에서 '사회주의 시장경제체제'화의 방향이 결정되었다.

사회주의 시장경제를 지향하며

1993년 3월 제8기 중국인민대표대회는 몇 개의 헌법조문을 개정하고, 여기에서 계획경제체제에 종지부를 찍는 대신 '사회주의 시장경제의 실행'을 결정하였다. 또한 중국은 '사회주의 초급단계'라고 하여 '국영경제'는 '국유경제'로, '국영기업'은 '국유기업'으로 바꾸어 소유와 경영을 분리시키고, 농촌체제도 다시 국가생산청부제임을 명시하였다. 이 단계의 "국가의 기본 임무는 전력을 다해 사회주의 현대화 건설을 추진하고, ……중국을 부강, 민주, 문명의 사회주의국가로 다져가는 것이다"라고 하였다. 이리하여 시장을 기초로 한 체제가 헌법에까지 명기되자, 그 때까지 종종 반복되던 보수파의 발언도 수습되어 시장경제체제의 지향이 전체의 의사가 되었다. 이 선언은 중국이라는 잠재력을 가진 거대시장에 대한 담보가 되어 여러 외국에게 안심감과 의욕을 주었기 때문에, 이 때를 계기로 세계적으로 중국 투자붐이 일어났다. 투자의 주체는 홍콩이 압도적으로 많았고, 타이완·일본[7]·동남아시아가 그 뒤를 이었다.

무엇보다 홍콩이 선두에 서서 선조들의 땅에 투자를 했다는 의미가 컸는데, 이는 유럽과 미국을 포함한 국가들의 중국투자를 여는 실마리가 되었다. 크게 주목할 만한 점은 외국의 투자가 중국 국내 경제에 가져온 영향이다. 이 투자는 경제효과 외에도 기술이전과 경영방식의 개선, 시장경제에 어울리는 인재육성이라는 이점을 갖고 있었다.[8] 그러나 그 후 1995년에 외국자본 때문에 국유기업이 타격을 입는다는 비판이 일자 중국은 규제를 강화하고 우대조치를 취소하여 한때 투자가 감소하기도 하였다. 그러나 기본적으로는 변함없이 시장경제를 중심으로 한 개방노선을 추구하여, 투자와 국내의 경제성장, 그리고 대외무역의 추진이라는 연결고리에 의해 고도성장이라는 급속한 경제발전을 실현시켜 갔다. 1990년대 전반에 밀어닥친 경기 과열은 전국에 부동산 투자와 건설 붐을 일으켜, GDP 성장률은 1992년의 12.8%에서 93년 13.4%, 94년 11.8%, 95년 10.3%로 신장되었다. 그러나 인플레이션도 동반되어 그동안의 소매 물가 상승률이 1992년 5.4%, 93년 13.2%, 94년 21.7%로 크게 올랐다. 이 때문에 경제발전으로 사람들의 소득이 확실히 증가하고, 소비수준도 향상되었지만 생활불안 역시 마찬가지로 커져서 1994년에는 임금인상을 요구하는 시위도 빈번하게 일어났다. 따라서 1990년대 후반의 중국은 경제발전을 추구하면서도 고도성장에 따른 여러 문제들을 극복하는 것을 우선과제로 삼았다고 할 수 있다.

7_ 중국 대외무역부 통계에 따르면, 일본에서의 투자는 1993년이 투자 건수에서, 1995년은 금액에서 정점을 이루었다.

8_ 반면 국내체제에서 본다면, 이것이 오로지 대도시와 연해지구에 투자되었기 때문에 지역간 격차를 낳는 요인이 되었음은 부정할 수 없다.

1990년대 후반의 중국사회

1990년대 후반의 역사는 1995년에 시작되는 제9차 5개년 계획의 책정[9]으로 시작되었다. 그것은 2000년의 1인당 GNP를 1980년의 4배로 증가시켜 '소강' 수준을 견지하는 것[10]을 당면목표로 삼고, 2010년 GNP는 2000년의 2배로 증가시킨다는 것을 장기목표로 삼아 시작한 것이었다. 더구나 이 목표를 실현시키기 위한 관건은 종래의 계획경제를 진정한 사회주의 시장경제로 전환하는 것으로 되어 있었다. 그러나 이러한 방향을 제시한 장쩌민은 다른 한편으로는 발전일변도만이 아닌 발전의 '질'에도 주목하였다.

그리하여 첫째, 더욱 각박해진 자원·환경과 경제발전 간의 조화를 도모할 것, 둘째, 제1차 산업, 제2차 산업, 제3차 산업 간의 균형을 도모할 것, 셋째, 선부론先富論을 계속 인정하면서도 지역간 격차의 시정, 특히 동부지역과 중서부지역과의 격차를 시정할 것, 넷째, 국가의 부강과 개인의 풍요로움을 조정하는 데 주의할 것, 다섯째, 시장 메커니즘을 계속 중시하면서도 거시적 통제를 강화할 것, 특히 인플레이션 억제를 무엇보다도 우선시할 것 등을 5개년 계획의 과제로 삼았다. 이상의 여러 사항들이 이 시기에 해결하여야 할 과제였고, 정부는 여기에 대처함으로써 사회안정을 도모하고자 하였다. 그러나 그로부터 5년이 지난 2001년 3월 제9기 전국인민대표대회에서 국민총리 주룽지朱鎔基가 행한 다음의 발언은 그동안의

9_ 1996년 3월 전국인민대표대회에서 제9차 5개년계획이 채택되었다.

10_ 이미 1995년에 실질지수가 422로서 4배 증가를 달성하였다. 목표로 삼은 2000년에는 629로서 6배가 증가하였다.

역사적 추이를 단적으로 보여준다고 할 수 있다.

"(최근 5년간) 우리는 큰 성과를 거두었는데, 그것은 커다란 어려움을 이겨내고 성취한 것으로 정말 대단한 것이었다. 전반기에는 인플레이션을 극복해 내야 했고, 중후기에는 디플레이션의 경향을 억제하여야 했다. 동시에 심각한 홍수와 한발 등의 자연재해에도 맞서야 했고, 아시아 금융위기의 충격도 막아내야 했다."

이처럼 1990년대 후반은 여러 가지 곤란으로 가득차 있었다고 회고하고 있다.

그러나 그동안의 역사적 의미에 대해서는, 다음과 같은 여러 가지 점에도 주목해야 한다. 첫째, 1997년에 최고 실력자인 덩샤오핑이 사망하였지만 권력이 평화적으로 이양되어, 장쩌민·주룽지 체제가 순조롭게 가동되었다는 점이다. 이것은 중앙정치가 '통합과 안정'을 기치로 삼아 근대화의 방향으로 나아가고 있음을 보여준다. 둘째, 오랜 동안의 민족적 비극이었던 홍콩과 마카오의 주권이 회복된 점이다. 거기에서 채택된 '1국 2제도'와 '50년 불변'은 국제문제를 해결하는 하나의 활로가 되어 '중국근대의 굴욕의 역사'에 종지부를 찍고 '통일'의 과제를 크게 전진시켰다. 셋째, 1999년에 다시 헌법개정이 이루어지고, 여기에 새삼 '법치국가'의 건설이 명기되는 외에 '사회주의 초급단계가 장기간 계속된다'는 것, 또한 이 단계에는 공유제 외에 많은 소유제 경제가 함께 발전하고 비공유제 경제도 '사회주의 시장경제의 중요 구성 부분'이라는 점들이 국가의 기본법에 포함되었다는 점이다. 돌아보면 이 해는 중화인민공화국 건국 50주년이 되는 때였다. 이에 각 부분에서 건국 당시와 50년이 지난 시기를 대비해 보는 작업도 이루어져-예를 들면, 세계무역의 연간총액은 1950년 11억 3천만 달러에서 1998년 3239억 달러로 287배나 늘어나는 등-50년간의 성과를 축하하였다.

이리하여 21세기가 시작되었을 때, 중국은 이상의 성과들을 이어받고 동시에 새로운 지도자군의 대두,[11] WTO 가맹[12]을 목표로 한 경제적 기초다지기를 해나갔다. 그리고 2002년 현재의 중국은 '세계의 공장'으로 불리는 동시에 '세계의 시장'이 되어 외부로부터 들어오는 자본과 기술을 수용하면서 수출대국의 지위를 탄탄히 해나가고 있다. 중국은 이미 동아시아 경제권의 하나의 중심이 되었다.

중국은 이러한 경제적 지위를 기반으로 하여 국제사회에서 존재감을 드러내고 있다. 국제연합·동아시아 국가 연합·아세안 지역 포럼·아시아태평양 경제협력회의, 또한 2001년에 가입한 WTO 등 국제기구에서의 활동은 앞으로도 주목해야 할 것이다. 그럼에도 불구하고 광대한 대지와 13억의 인구를 보유한 개발도상국인 중국은 지금도 적지 않은 문제를 안고 있다고 할 수 있다. 그러면 마지막으로 21세기 중국사회에 중요하다고 생각되는 문제에 대해 간단하게 언급해 보고자 한다.

11_ 이후 2002년 11월 제16회 당대회에서 장쩌민 이하 주룽지, 리펑李鵬 등이 물러난 대신 당총서기 후진타오胡錦濤가 이어갔고, 원자바오溫家寶, 쩡칭훙曾慶紅 등 제4세대가 선임되어 전체 지도부도 한층 젊어졌다.

12_ 2001년 11월에 가입.

현대 중국의 문제들

첫 번째 문제는 과거의 선부론先富論을 한 단계 진행시켜 전 중국의 발전을 목표로 한 내륙지역의 개발계획, 즉 '서부 대개발'의 추진에 관한 것이다. 이것이 긴급한 과제인 이유는 아래의 표로 명확히 알 수 있듯이 경제적으로 연해와 내륙의 지역격차가 요즘 점점 더 확대되고 있기 때문이다. 또한 1998년의 양쯔 강 대홍수, 황허의 단류斷流,[13] 서쪽으로부터의 사막화 진행이 눈에 띄는 등 생태계의 환경악화가 심각해져 그 개선이 모색되고 있기 때문이다. 보다 적극적인 이유로는, 이제까지 발전에서 밀려나 있던 내륙부를 개발하여 내수를 더욱 일으킴으로써 지속 가능한 중국경제의 기초를 굳건히 하고 중장기적으로 연해와 내륙이라는 두 바퀴로 중국경제를 지탱해 나가고자 하는 사고 때문이다. 이에 첫째, '퇴경退耕·환림還林·환초還草'[14]와 '남수북조南水北調'[15]로 경관의 보존과 회복을 지향하며, 둘째 '칭장青藏 철도' '서기동수西氣東輸'[16] '서전동송西電東送'[17] 등 인프라를 구축하고, 이 양자를 결합하여 "산자수명山紫水明의 아름다운 산하와 근대적이고 개방된 내륙지역을 만들어내자"는 것이다. 시간과 자금과 인재를 필요로 하는 이 대계획은 이제 막 시작되

13_ 단류는 1990년대부터 가끔 나타났는데, 1997년에는 최악에 달하여 700km에 걸쳐 169일이나 바짝 말라붙었다.

14_ 경사진 농지의 활용을 그만두고 나무와 풀을 심어 삼림과 토지로 되돌리는 일.

15_ 남쪽의 물을 북쪽으로 운반하는 것.

16_ 서부의 천연가스를 동부로 운송하는 것.

17_ 서부의 전력을 동부로 보내는 것. 위에서 언급한 남수북조, 서기동수, 서전동송은 자원의 보완성이라는 의미를 갖는다.

동부·중부·서부의 구분

동부
중부
서부

지구	인구(만명)	%	면적만(km²)	%	GDP(억원)	%	1인당 GNP	
							원	달러
지방합계	126,783	100.0	960.18	100.0	106,586.4	100.0	8,407	1,016
동부지구	47,922	37.8	106.23	11.1	61,219.0	57.4	12,775	1,543
중부지구	42,414	33.5	166.95	17.4	27,122.3	25.4	6,395	773
서부지구	36,447	28.7	687.00	71.5	18,245.1	17.1	5,006	605

(2001년)

었다고 할 수 있다. 이 계획이 어떻게 될 것인가는 앞으로 중국에 크게 영향을 미칠 것이다.

두 번째 문제는, 1999년의 헌법개정에서 명문화된 '비공유제경제非公有制經濟'의 지위 및 역할과 그 반대편에 선 국유기업에 대해서다. 이것들이 앞으로 새로운 경제활동의 방향을 결정짓게 될 것이다. 이제까지 중국에서는 비공유제 기업은 계속 '보충'적 지위여서 사회적 지위도 낮았다. 그것이 헌법에서 '중요한 구성 부분'으로 규정된 것은 국가가 민영기업을 공인하였다는 의미이고, 기업가들 역시 이를 '격려'로 받아들였다. 게다가 이 점에 대해서는 2002년 11월 제16회 당대회에서 장쩌민이 '3개 대표'(후술)와의 관련에서 언급하기를 그 존재는 '보호받고' '권장되며,' 특히 우수자에 대해서는 '표창할 만하다'고 하였다. 또한 전체 경제체제에 대해서도 첫째 '전혀 동요됨이 없이 공유제 경제를 강고히 다지고 발전시키며', 둘째 '전혀 동요됨 없이 비공유제 경제발전을 장려하고 후원하고 유도하는' 것이 중요하다고 하였다. 또한 후자에 대해서는 최근 각광을 받고 있는 것이 저장성浙江省 남부에 출현한 '원저우溫州 모델' 이다. 원저우가 공적 지원에 의존하는 일 없이 민간자금과 에너지로 지방을 활성화시키고 있기 때문이다. 비공유 경제의 미래에 대해서는 더욱 주목해야 한다. 그러나 국유기업의 또 다른 문제는 이미 1990년대부터 개혁에 착수하였지만 아직도 여전히 심각한 문제를 안고 있다는 점이다. 그 이유는 첫째, 산업구조면에서 적잖은 부분이 옛 산업임에도 불구하고 정리가 불충분하고, 생산도 과잉이어서, 결과적으로 적자를 확대시키고 있기 때문이다. 또한 이러한 기업의 정리는 실업을 증대시켜 잠재적인 사회문제가 되고

있다. 거꾸로 정보산업과 하이테크 산업, 자동차와 주택 관련 등의
필요한 새로운 산업은 외자와의 제휴·합작이 진행되고 있지만,
그러한 면에서 국가의 지주산업이 되는 '민족산업'이 어떻게 발전
할지는 명확하지 않다. 일반적으로 국유기업의 정리와 민영화가
어느 정도 진행되어 새로운 산업구조가 어떻게 만들어지는가도
앞으로의 문제다.

세 번째는 농촌·농민·농업의 '3농 문제'에 대해서다. 원래 이
문제는 건국 이래 계속된 도시와 농촌의 이원적인 사회구조 그
자체의 문제로서, 호적제도라는 국가정책에 의해 보강·유지되어
왔다. 이 때문에 농촌에는 과잉인구가 머물게 되고, 이것이 농촌소
득을 저하시키고 도시와 농촌 간의 격차를 벌리는 주요 요인이
되었다. 1990년대에도 한때를 제외하면 격차는 더욱 벌어졌다.[18]
2001년 제10차 5개년 계획이 경제구조에 관한 부분에서 농업과
농촌 문제를 맨 먼저 거론하였던 것도 이 문제의 절박성과 중요성
을 보여준다. 또 현재의 농촌에서는 이미 농산물의 과잉 문제가
발생하고 있다. 때문에 현재 추진되고 있는 정책은 농촌의 남는
노동력을 비농업과 소도시 혹은 읍으로 옮겨[19] 생산부분의 효율을

18_ 〈도시 및 농촌주민의 개인소비수준표〉

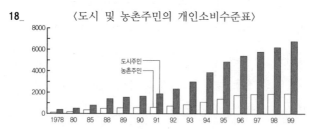

19_ 이러한 곳은 도시가 아니라 어디까지나 농촌이라는 범주임에 주의해야 한다.

높이는 한편, 소비인구를 늘리는 '소도시화 구상'이다. 중국은 과거 10년 동안 급속히 도시화가 진행되어 왔다. 그렇다고 해도 8억의 인구가 농촌에 살고 있으므로 농촌의 동향은 국가의 안정과 방향을 정하는 데 중요하다고 할 수 있다. 그러한 의미에서 농촌에서 현재 진행되고 있는 촌민선거는 중국에서 기층사회민주화의 열쇠가 된다고 할 수 있다.

마지막으로 네 번째는 국가를 담당하는 사람들에 대해서 보도록 하자. 2002년 11월 개최된 제16회당대회는 무엇보다도 '3개 대표라고 하는 중요한 사상을 전면적으로 관철'시킴으로써 '중국의 특색 있는 사회주의 사업의 새로운 국면을 열 것'을 주요 테마로 삼았다. 여기에서 새롭게 제기된 '3개 대표'란 무엇이고, 이것은 왜 제기되었을까?

바로 전 해인 2001년 7월 1일, 중국공산당 창립 80주년대회 석상에서 장쩌민 서기는 기념연설 중에 중국 근대사를 회고하며 다음과 같이 말하였다. "아편전쟁(1840)에서부터 중국공산당의 창립(1921)까지, 그리고 중국공산당의 창립에서부터 현재까지 중국은 명확하게 다른 두 종류의 80년을 경험하였다."

장쩌민은 앞의 80년은 국가가 주권을 빼앗기고 전란이 끊이지 않아 사람들은 빈곤 속에 있었으나, 뒤의 80년은 가난하긴 하였으나 전쟁에서 승리하고 국가가 번영하여 사람들의 생활과 문화는 향상되었다고 총괄했다. 그리고 이러한 역사적 교훈에서 '3개 대표'라는 사고방식을 정식으로 내놓게 되었던 것이다. '3개 대표'란 당이 1) 중국의 선진적인 생산력의 발전 요구를 대표할 것, 2) 중국의 선진적인 문화가 진행되는 방향을 대표할 것, 3) 중국의 가장 광범위한 인민의 이익을 대표할 필요가 있다는 사고방식이다. 이 전체의 근간이라고 할 만한 제3의 내용은 따지고 보면, 국가정치는 누구를 위해 하는 것인가를 명확히 한 것이며 여기에 대한 답이 '가장 광범위한 인민의 이익을 위해서'라는 것이다. 그러면 여기에서의 '인민'이란 어떠한 사람들을 가리키는 것일까? 건국 초기를 회고해 보면 그것은 '노동자 계급이 지도하며, 노동자와 농민을 기초로 하는' 사람들(헌법 제1조)이고, 거기에 '소부르주아 계급, 민족부르주아 계급, 그리고 일부 선각자 애국 민주지사'가 추가되었다(정치협상회의공동강령 서문). 더욱이 그 후에는 이미 지적했던 것처럼 그 범위가 더욱 엄격하게 조사되었다. 그렇기는 하지만 현재 경제가 세계 여러 나라들과의 관계 속에서 크게 발전하고 '사회계층에 변화가 일어나 민영과학기술기업의 창업자와 기술자, 외자계 기업의 관리자, 개인 영업자, 사영기업 소유자, 중개조직의 종사자, 자유업자' 등 다양한 계층과 직업을 가진 사람들이 나타난 이상, 앞으로는 이런 새로운 범주의 사람들을 대표할 필요가 있으며 아니, 오히려 중심을 거기에다 둘 필요가 있다고 판단했을 것이다. 이리하여 중국사회는 일찍이 계급투쟁관을 가지고 나누었던 관계에서 국민을 모두 '인민'이라고 보는 관계로 변하고 있다. 일찍이 20세기 초 중국이 '중화민족'이라는 개념으로 사람들을 결집하려 하였다면, 21세기 현재의 중국은 더 나아가 국민 모두를 대표하고 풍요로움을 실현하는 것으로써 국내를 결집하고자 모색하고 있다. 그 성패 여부만이 중국의 장래를 결정하게 되지 않을까?

참고문헌 가나다순

■ **제1장 ～ 제10장**

尾形勇·岸本美緒 編,『新版世界各國史3 中國史』, 山川出版社, 1998.

岩波講座,『世界歷史』全29卷, 岩波書店(주로 전근대 동아시아를 다룬 것은 ③·⑨·⑪· ⑬권)

『世界の歷史』全30卷, 中央公論社(주로 전근대 동아시아사를 다룬 것은 ②·⑥·⑦·⑨·⑫권)

宮崎市定,『中國史』上·下, 岩波書店, 1977·1978.

松丸道雄 他 編,『世界歷史大系』2~4 中國史, 山川出版社, 1996~1999.

堀敏一,『中國通史』(講談社學術文庫), 講談社, 2000.

Fairbank, John King ed.,『The Chinese World Order, Harvard University Press, 1968.

谷川道雄 編,『戰後日本の中國史論爭』, 河合文化敎育研究所, 1993.

■ **제1장**

橋本萬太郎 編,『民族の世界史5 漢民族と中國社會』, 山川出版社, 1983.

可兒弘明 他 編,『民族で讀む中國』(朝日選書), 朝日新聞社, 1998.

茂木敏夫,『変容する近代東アジアの國際秩序』, 山川出版社, 1997.

佐藤愼一,『近代中國の知識人と文明』, 東京大學出版會. 1996.

Levenson, Joseph R.,『Liang Ch'i-ch'ao and the Mind of Modern China, Harvard University Press, 1953.

■ **제2장**

嚴文明,「中國古代文化三系統論」,『日本中國考古學會會報』4号, 1994.

松丸道雄 他 編,『殷周秦漢時代史の基本問題』, 汲古書院, 2001.

松丸道雄·永田英正,『ビジュアル版 世界の歷史5 中國文明の成立』, 講談社, 1985.

增淵龍夫,『中國古代の社會と國家』(新版), 岩波書店, 1996.

鶴間和幸,『秦の始皇帝』, 吉川弘文館, 2001.

渡辺信一郎,『天空の玉座』, 柏書房, 1996.

■ 제3장

堀敏一, 『中國と古代東アジア世界－中華的世界と諸民族－』, 岩波書店, 1993.

澤田勳, 『匈奴』, 東方書店, 1996.

籾山明, 『漢帝國と辺境社會』(中公新書), 中央公論社, 1999.

富谷至, 『ゴビに生きた男たち』, 白帝社, 1994.

大庭脩, 『木簡學入門』(講談社學術文庫), 講談社, 1984.

■ 제4장

堀敏一 他 編, 『魏秦南北朝隋唐時代の基本問題』, 汲古書院, 1997.

川藤義雄, 『六朝貴族制社會の研究』, 岩波書店, 1982.

西嶋定生, 李成市 編, 『古代東アジア世界と日本』(岩波現代文庫), 岩波書店, 2000.

川本芳昭, 『魏秦南北朝時代の民族問題』, 汲古書院, 1998.

李成市, 『東アジア文化圏の形成』, 山川出版社, 2000.

谷川道雄, 『隋唐帝國形成史論』(增補版), 筑摩書房, 1998.

■ 제5장

石田幹之助, 『增訂 長安の春』(平凡社東洋文庫), 平凡社, 1967.

礪波護, 『唐の行政機構と官僚』(中公文庫), 中央公論社, 1998.

金子修一, 『隋唐の國際秩序と東アジア』, 名著刊行會, 2001.

妹尾達彦, 『長安の都市計畵』(講談社選書メチエ), 講談社, 2001.

關尾史郎, 『西域文書からみた中國史』, 山川出版社, 1998.

■ 제6장

內藤湖南, 「槪括的唐宋時代觀」, 『內藤湖南全集 第8卷』, 筑摩書房, 1969.

島田虔次, 『朱子學と陽明學』(岩波新書), 岩波書店, 1967.

佐竹靖彦 他 編, 『宋元時代史の基本問題』, 汲古書院, 1996.

平田茂樹, 『科擧と官僚制』, 山川出版社, 1997.

島田正郎, 『契丹國 遊牧の民キタイの王朝』, 東方書店, 1993.

ジャック・ジェルネ, 栗本一男 譯, 『中國近世の百万都市』, 平凡社, 1990.

■ 제7장

杉山正明, 『大モンゴルの世界 陸と海の巨大帝國』(角川選書), 角川書店, 1992.

杉山正明, 『クビライの挑戰 モンゴル海上帝國への道』(朝日選書), 朝日新聞社, 1995.

檀上寬, 『明の太祖 朱元璋』, 白帝社, 1994.

檀上寬, 『明朝專制支配の史的構造』, 汲古書院, 1995.

佐久間重男, 『日明關係史の研究』, 吉川弘文館, 1992.

村井章介, 『中世倭人伝』(岩波新書), 岩波書店, 1993.

■ 제8장

高良倉吉, 『アジアのなかの琉球王國』, 吉川弘文館, 1998.

萩原淳平, 『明代蒙古史研究』, 同明舍出版, 1980.

三田村泰助, 『清朝前史の研究』, 東洋史研究會, 1972.

黃仁宇, 稻畑耕一 譯, 『万曆十五年 1587 ‘文明’の悲劇』, 東方書店, 1989.

石橋崇雄, 『大清帝國』(講談社選書メチエ), 講談社, 2000.

岸本美緒, 『東アジアの‘近世’』, 山川出版社, 1998.

■ 제9장

ブーヴェ, 後藤末雄 譯, 『康熙帝伝』(平凡社東洋文庫), 平凡社, 1970.

宮崎市定, 『雍正帝』(岩波新書), 岩波書店, 1950.

東洋史研究會 編, 『雍正時代の研究』, 同明舍出版, 1986.

ロナルド・トビ, 速水融 他 譯, 『近世日本の國家形成と外交』, 創文社, 1990.

浜下武志 他 編, 『アジア交易圏と日本工業化 1500~1900』(新版), 藤原書店, 2001.

■ 제10장

矢澤利彦 編譯, 『イエズス會士中國書簡集』 1~6(平凡社東洋文庫), 平凡社, 1970~ 1980.

後藤末雄, 『中國思想のフランス西漸』 1・2(平凡社東洋文庫), 平凡社, 1969.

Maverick, Lewis A., *China : A Model for Europe*, Paul Anderson Company, 1946.

朝尾直弘 編, 『日本の近世1 世界史のなかの近世』, 中央公論社, 1991.

Wong, R. Bin, *China Transformed : Historical Change and the Limits of European Experience*, Cornell University Press, 1997.

■ 제11장

市古宙三, 『中國の近代』, 河出書房, 1969.

姫田光義 他, 『中國近現代史』 上・下, 東京大學出版會, 1982.

今井駿 他, 『世界現代史3 中國現代史』, 山川出版社, 1984.

小島晋治・丸山松幸, 『中國近現代史』(岩波新書), 岩波書店, 1986.

姫田光義 他, 『中國20世紀史』, 東京大學出版會, 1993.

浜下武志 編, 『世界歷史大系 中國史 5』, 山川出版社, 2002.

國分良成, 『中華人民共和國』, 筑摩書房, 1999.

池田誠 他, 『図說 中國近現代史』(第2版), 法律文化史, 2002.

岩波講座，『現代中國』1~6，別卷1·2，岩波書店，1989·1990.

山田辰雄·渡辺利夫 監修，『講座 現代アジア』1~4，東京大學出版會，1994.

『世界の歴史』19·25~30，中央公論社，1997~1999.

岩波講座，『世界歴史』20·23~28，岩波書店，1997~2000.

東アジア地域研究會 編，『講座 東アジア近現代史』全6卷，青木書店，2001.

毛里和子 他 編，『現代中國の構造変動』1~8，東京大學出版會，2000·2001.

西順藏 編，『原典中國近代思想史』1~6，岩波書店，1976·1977.

『原典中國現代史』1~8，別卷，岩波書店，1995·1996.

坂野正高，『近代中國政治外交史』，東京大學出版會，1973.

毛里和子，『現代中國政治』，名古屋大學出版會，1993.

久保亨，『中國経済100年のあゆみ－統計資料で見る中國近現代経済史』(第2版)，創研出版，1995.

中兼和津次 監修，『シリーズ現代中國経済』1~8，名古屋大學出版會，2002.

中華全國婦女連合會，中國女性史研究會 編譯，『中國女性運動史 1919~49』，論創社，1994.

浜下武志，『朝貢システムと近代アジア』，岩波書店，1997.

鈴木智夫，『洋務運動の研究』，汲古書院，1992.

西村成雄，『中國ナショナリズムと民主主義』(研文選書)，研文出版，1991.

栃木利夫·坂野郎吉，『中國國民革命』，法政大學出版會，1997.

中央大學人文科學研究所 編，『五·四運動史像の再檢討』，中央大學出版部，1986.

石島紀之，『中國抗日戰爭史』，青木書店，1984.

姫田光義 編，『戰後中國國民政府史研究 1945~1949』，中央大學出版會，2001.

田中恭子，『土地と權力』，名古屋大學出版會，1996.

三谷孝 他，『村から中國を讀む』，青木書店，2000.

ポール·コーエン，佐藤愼一 譯，『知の帝國主義』，平凡社，1988.

溝口雄三，『方法としての中國』，東京大學出版會，1989.

陳東林 他 編，加々美光行 監修，『中國文化大革命事典』，中國書店，1997.

山田辰雄 編，『近代中國人名辭典』，霞山會，1995.

Klein, D. W. & Clark, A. B., *Biographic Dictionary of Chinese Communism 1921-1965*, 1-2, Harvard University Press, Cambridge Mass, 1971.

Boorman, H. L., *Biographical Dictionary of Republican China*, 1-4, Columbia University Press, N.Y. 1967.

天兒慧 他 編，『現代中國事典』，岩波書店，1999.

中國研究所，『中國年鑑』1970~，大修館書店，創土社.

竹內實 編，『中國近現代論爭年表』上·下，同朋舍出版，1992.

田中修，『中國第十次五ヵ年計畫』，蒼蒼社，2001.

三菱總合研究所 編，『中國情報ハンドブック』(2002年版)，蒼蒼社，2002.

小島普治·並木賴壽 編, 『近代中國研究案內』, 岩波書店, 1993.

野澤豊 編, 『日本の中華民國史研究』, 汲古書院, 1995.

山根幸夫 編, 『中國史研究入門』(增補改訂版) 上·下, 山川出版社, 1991·1995.

찾아보기

232

지은이_ 기시모토 미오 岸本美緒

1952년 도쿄 출생, 도쿄대학 문학부 동양사학과 졸업, 같은 대학원 박사과정 수료. 현재 오차노미즈 여자대학 문교육학부 역사비교코스 동양사 전공 교수로 중국명청시대사 전공. 주요 저서로『淸代中國の物價と經濟變動』(硏文出版, 1997)과『明淸と李朝の時代』(中央公論社, 1998) 그리고『明淸交替と江南社會』(東京大學出版會, 1999)가 있다.『明淸と李朝の時代』는 김현영·문순실에 의해『조선과 중국-근세 오백년을 가다』(역사비평사, 2003)로 번역 소개되었다.

하마구치 노부코 浜口允子

1938년 나가노 현 출생, 오차노미즈 여자대학 교육학부 사학과 졸업. 같은 대학원 인간문화연구과 박사과정 수료. 현재 일본방송통신대학 명예교수로 중국근현대사 전공. 공저로『中國の近代と現代』(일본방송대학교육진흥회, 1995),『中國の歷史と社會』(일본방송대학교육진흥회, 1998),『中國農村變革と家族·村落·國家』1~2권(及沽書院),『農村から中國を讀む-華北農村五十年史』(靑木書店, 2000) 등이 있다.

옮긴이_ 정 혜 중 鄭惠仲

1967년 서울 출생, 이화여자대학교 사학과 졸업, 동대학원 동양사 전공, 문학석사, 일본 도쿄대학 인문사회계연구과 문학박사. 현재 이화여자대학교 인문과학대학 사학전공 부교수, 중국근대 사회경제사 전공. 논문「개항기 인천화상 네트워크와 화교정착의 특징」, 번역서『화폐스시템의 세계사』(논형, 2005)와 연행록 연구 편역서로『18세기 연행록과 중국사회』(혜안, 2007) 등이 있다.

동아시아 속의 중국사

기시모토 미오/하마구치 노부코 지음 | 정혜중 옮김

초판발행 2015년 12월 31일

펴낸이 오일주
펴낸곳 도서출판 혜안

등록번호 제22-471호
등록일자 1993년 7월 30일

주소 04052 서울특별시 마포구 와우산로35길 3(102호)
전화 02-3141-3711~2
팩시밀리 02-3141-3710
이메일 hyeanpub@hanmail.net

ISBN 978-89-8494-544-9 03910

값 12,000원